EILEEN CADDY

FINDHORN

ZENTRUM DES LICHTS

Herausgegeben und zusammengestellt von Roy McVicar
mit einem Nachwort von Hartmut Normann

arbor
Verlag
Ulrich Valentin
Heidelberg

Titel der englischen Originalausgabe:
Eileen Caddy. FOUNDATION OF FINDHORN.
Edited and compiled by Roy McVicar.

Übersetzung aus dem Englischen von Lotte von Nagel

Umschlagfoto: Gerd Marenbach
Unschlaggestaltung: Uwe Rehfuß
Zeichnungen: Monica Wagner
Fotosatz: Studio 7, Heidelberg
Druck: Druckpress, Leimen

2. Auflage

Printed in West-Germany

ISBN 3-924195-00-5

Inhalt

EINFÜHRUNG

In der täglichen Meditation wurde Eileen Caddys Blick auf Bilder gerichtet, die sowohl das, was in Findhorn getan werden sollte, als auch die dazu notwendigen praktischen Schritte aufzeigten. Diese Schritte wurden von Peter Caddy unternommen, der mit Kraft und Energie die Visionen in Wirklichkeit umsetzte.

Nachdem wir eine Zeitlang in dem Wohnwagen gewohnt hatten, fand ich es schwierig, Frieden und Ruhe zu finden, denn er war sehr klein, und wir lebten hier zu sechst, drei Erwachsene und drei heranwachsende Jungen. Eines Nachts, als ich meditierte, fragte ich Gott, was ich tun sollte. Ich vernahm die Worte: „Geh hinunter zu den öffentlichen Toiletten, dort wirst du die Ruhe finden, die du brauchst.

Ich war ganz entsetzt, aber war es so sehr gewohnt, der göttlichen inneren Stimme zu lauschen und zu gehorchen, daß ich hinging. Jede Nacht ging ich für zwei oder drei Stunden hinunter. Und dort empfing ich viele wunderbare Botschaften und Offenbarungen. Das ließ mich erkennen, daß Gott in uns ist und daß es gleichgültig ist, wo man zum Meditieren hingeht, um die stille, leise Stimme zu hören. Sie ist in uns.

In diesem Buch wurde eine Auswahl aus der Fülle der Weisungen zusammengestellt, die Eileen während dieser Jahre niederschrieb. Selbst die Herausgabe dieses Buches folgt einer Weisung, die vor Jahren gegeben wurde:

Wenn ihr frühere Botschaften durchseht, denkt an all die Gruppen in den verschiedenen Zentren in der Welt und wählt alles aus, was ihnen dabei helfen könnte, den Weg in das Neue zu finden.

Denkt daran, daß sie noch nicht alle in das Neue eingetreten sind. Einige brauchen vielleicht eine helfende Hand, um Hindernisse überwinden zu können. Andere brauchen vielleicht Anweisung, was sie als nächsten Schritt tun sollten. Wieder andere haben vielleicht einen kräftigen Anstoß nötig, um über ein schwieriges Wegstück, das vor ihnen liegt, hinwegzukommen. All das sollt ihr den übermittelten Botschaften entnehmen und drucken, so daß diese Zentren es für sich nutzen können, wann immer sie es brauchen.

Die einzelnen Weisungen erscheinen in zweierlei Form. Immer wenn die Stimme klare Anweisungen gab, was getan werden sollte, erscheinen ihre Worte in einfacher Prosa. Sobald sie jedoch bestimmte spirituelle Wahrheiten lehrte, erhielt ihre Sprache wie von selbst eine bestimmte rhythmische Struktur und wird daher hier in dichterischer Form wiedergegeben.

Wir veröffentlichen das Buch nicht zu dem Zweck, daß andere es als fertiges Textbuch nutzen, sondern damit es bei ihnen den Glauben und die Vision wachruft, die sie selbst brauchen.

Und es verfolgt noch ein weiteres Ziel: andere dahin zu führen, sich nach innen zu wenden und für sich selbst den einzigen wahren Quell allen Glaubens, aller Inspiration und aller Liebe zu finden und durch diese Einstimmung eine Vision zu bekommen von ihrer eigenen Rolle in dem alles umgreifenden göttlichen Plan.

Roy McVicar

1. Ort der Stille

Ich spürte sehr des Christus Gegenwart
Und eine große Stille
Und Harmonie und Frieden,
Vollkommene Harmonie.
Es zeigte sich ein Regenbogen,
Emporzusteigen schien er mitten aus
Dem Ort der Stille.
Er streckte weit sich über das ganze Land,
Und aus ihm flossen andere Regenbogen,
Vergleichbar dem Gestänge eines Schirms,
Bis daß zuletzt das ganze Land
Umstrahlt erschien von diesem Regenbogen.

Um zu verstehen, wie erhaben und einzigartig der Platz ist, auf dem der Ort der Stille der Findhorn-Gemeinschaft steht, muß man viele Jahre zurückgehen zu dem Erlebnis, das Eileen in Glastonbury gehabt hatte, und das ihr Leben völlig verändern sollte. Dort in der Stille einer kleinen Kapelle hörte sie zum erstenmal die innere Stimme, die die leitende Kraft ihres Lebens werden sollte. Sie hörte die Worte, die seitdem zum Schlüssel ihrer spirituellen Entwicklung wurden:

Sei ganz still und wisse, daß Ich Gott bin.

In diesem Erlebnis fand Eileen zum ersten Mal in ihrem Leben Gott. Von diesem Augenblick an wurde das Horchen auf diese Stimme in der Stille der Kernpunkt ihrer Hingabe. Was sie diese Stimme Tag für Tag sagen hörte, gab praktische Führung für Peters und ihr Leben.
So wurde ihr einige Jahre später gesagt:

Elektrizität war immer da.
Aber bis der Mensch sie entdeckte und bändigte,
War sie für ihn nicht vorhanden;
Nun wird sie ständig genutzt.
Ich bin da.
Ich bin da von Anbeginn.
Aber solange der Mensch nicht sucht
Und Mich und Meine Macht entdeckt,
So lang bin Ich ein Nichts für ihn.

In Glastonbury entdeckte Eileen Gott und seine Macht. Von da an wurde Gott d i e Mitte ihres Lebens, und ihr Ort der Stille war jeweils dort, wo sie stille sein und den Einen spüren konnte, den sie lieben lernte, und weil sie Ihn liebte, auf Ihn zu hören lernte.

Als sie täglich lauschte, was dieser Gott im Innern sagen würde, mußte sie sehr viel lernen. Sie mußte lernen, was Kommunion mit Gott bedeutet und was es mit sich bringt, wenn man zuerst Ihn in allen Dingen sieht. Diese und andere Lehren des spirituellen Lebens teilt sie von nun an mit allen, die dasselbe Einssein mit Gott erleben wollen und so den inneren Ort der Stille des Herzens in den Tiefen ihres eigenen Seins finden.

So lernte sie, täglich eine stille Zeit mit Gott einzuhalten:

Es kommt gar nicht darauf an, wie spät es ist,
Oder gar, wie müde du bist.
Bedeutsam ist allein,
Daß du willens bist,
Nur Meinen Willen zu tun.
Manchmal ist es sehr gut für dich,
Dich selbst ein wenig Disziplin zu lehren.
Selbst wenn es dich Mühe kostet, herzukommen
Und Meine Worte zu suchen vor der Nacht,
Tu es,
Weil es dich wirklich Mühe kostet,
Es zu tun.
Wenn du zu Mir kommst,
Weil es dir gerade paßt,
Wenn es dich gar nichts kostet:
Das ist nicht immer das Beste für dich.

Wenn du dir extra Mühe geben mußt,
wenn du, um es zu können, Meine Hilfe brauchst,
bringt uns das näher zueinander.
Dies Nahesein ist so nötig.

Wenn es bedeutet, etwas früher aufzuwachen morgen
früh oder ein wenig länger auf zu sein bei Nacht:
Das kleine Opfer ist nur gut für dich,
denn wenn du Meinen Willen tust, kann nichts dir schaden.
Es heißt ja nicht, daß du besonders müde sein wirst,
wenn du lang auf warst.
Wenn du nur willens bist, dich zu vergessen
und Mich zuerst in jedem Ding zu sehen:
Das ist, was wirklich zählt.

Dies Leben leben
Heißt nicht, es ab und zu zu leben,
Oder wenn es grad zu deiner Laune paßt.
Es will gelebt sein jeden Augenblick;
Nur dann kann Ich durch euch wirken,
Euch – die Kanäle Meines Lebens.

Ein Teil der Disziplin verlangte,
jeden Tag mit Gott allein zu beginnen:

Ich will, daß du jeden Tag damit beginnst, Mich zu finden
Hier
Mitten im Zentrum deines Seins.
Erkenne und fühle Meinen Frieden,
Der alles Begreifen übersteigt,
Hier – mitten in deinem Herzen.

Wenn du das beim Erwachen tun kannst,
So findest du Heiterkeit und neuen Frieden
Für den ganzen Tag.
Oft wirst du plötzlich aufgeweckt und fühlst als erste
Reaktion Verärgerung.
Ich will, daß du versuchst, anders zu sein,
Zu wollen, daß du anders bist
Von ganzem Herzen und von ganzer Seele.
Dann wird es gelingen.

Immer und immer sehne dich danach,
Meine Hilfe zu suchen.
Verlange wirklich danach,
wie du zuvor noch nie verlangt hast,
Und es wird dir gelingen.
Du mußt glauben, daß du ganz anders werden kannst,
Und du wirst anders werden.

Ich erwarte von dir, daß du ständig in Kontakt
mit Mir bleibst.
Wenn du „Urlaub" nimmst, ist es so schwer für Mich,
sofort Kontakt mit dir zu haben.
Wie man elektrisches Licht andreht,
So sollst du immer sein,
Bereit, auf Meine Stimme zu hören.

Es ist wichtig, daß du dies nun lernst,
Denn wenn Ich etwas Eiliges zu sagen habe,
Wird dir keine Zeit bleiben zu sagen:
„Warte doch einen Augenblick, ich muß mich erst
einstimmen."
Du mußt die 24 Stunden eines jeden Tages
Eingestimmt sein auf Mich.

Die Art, wie du den Tag beginnst, kann sehr viel helfen.
Darum sollst du die ersten wachen Stunden mit Mir
verbringen, in Meiner Gegenwart,
Lauschend auf Mich
In der Stille des frühen Morgens.
Das kann die erfrischendste und kraftbringendste
Sache sein.
Auf diese Weise stehst du auf mit dem richtigen Fuß.

Denke an diese Dinge.
Tu sie nicht einfach automatisch,
Sondern wache auf mit Freude im Herzen
Und laufe zu Mir wie ein glückliches Kind
Mit dem innigen Wunsch,
Bei Mir zu sein,

Mir zu lauschen, mit Mir zu sprechen,
Meine Antwort zu suchen auf deine Probleme.
Wissend, daß Ich all deine Schmerzen heilen
Und all Deine Wunden verbinden werde.

Wohlig in Meinen liebenden Armen,
Sicher und sorglos,
Beginne jeden Tag neu.
Gestärkt und Meiner Liebe sicher zu jeder Zeit.
Gib dich Mir ganz
Und wisse, daß alles gut ist.

Wenn du Meiner Stimme lauschst,
Ist das für dich die natürlichste Sache der Welt.
Es ist dir so selbstverständlich geworden wie das Atmen.
Es gibt dabei keinerlei Anstrengung.
So will Ich, daß es sein soll.

Es sollte für dich nie nötig sein,
In eine besondere Stimmung zu kommen,
Ehe du Meine Stimme hören kannst.
Es sollte dir möglich sein, sie jederzeit zu hören,
An allen Orten.
Ungeachtet, was rings umher geschieht,
gleichgültig, in welcher Lage du sein magst.

Du brauchst Mich immerzu,
Wie es im Anfang war,
Als der Mensch mit Mir wanderte und sprach,
So geschieht es jetzt.

Dies ist die wunderbarste Beziehung,
die eine Seele sich wünschen könnte,
Und du sollst sie haben.
Und Ich sehne mich danach, diese Beziehung
Mit all Meinen Kindern zu haben.
Nur das niedrige Selbst hindert euch daran,
daß dies geschieht.

Ehe sie nach Findhorn kamen und in den ersten Jahren in Findhorn, hatten Peter und Eileen keine Ahnung, warum sie an diesen seltsamen Ort geführt worden waren. Man sagte ihnen deutlich, daß das alles Teil des göttlichen Planes sei, aber es war nicht leicht, irgendeine sinnvolle Struktur in dem Geschehen zu erkennen. Eine der härtesten Aufgaben war es, willig und Schritt für Schritt der Führung zu folgen, ohne irgendeinen Sinn oder einen Plan zu erkennen.

Es war aber gerade diese Offenheit für die spirituelle Ebene, die es möglich machte, Findhorn zu gründen, und darum ist der Ort der Stille der Mittelpunkt: der Platz, wo alle sich nach innen und auf ihre eigene Führung hin orientieren können.

Sei ganz still,
Horche zu allen Zeiten auf die stille leise Stimme.
Das ist die Stimme, der du trauen kannst,
Das ist die Stimme, der du glauben kannst.
Das ist die Stimme, auf die du hören kannst,
Denn es ist Meine Stimme.

Manchmal werden lärmende Stimmen um dich sein,
Und du könntest leicht verwirrt sein
Und aus dem Gleichgewicht geraten,
Wenn du für alle Stimmen offen wärst.
Aber du kannst sie alle leicht ausschalten
Und nur der einen Stimme lauschen.

Es ist wie ein Ton,
Der eine echte Ton für dich.
Du kannst ihn hören jederzeit,
Ganz gleich, was drum herum geschieht.
Du kannst den echten Ton festhalten,
So daß er laut und lauter tönt,
Bis alle anderen Töne ausgelöscht
Und dein Ton rein und klar wie eine Glocke klingt.
Das ist der Ton, aus dem du wirkst,
Kein anderer.

Alles, was du tun mußt, ist,
Daß du immer um Mich weißt
Und der stillen leisen Stimme lauschst,
Die von Mir kommt.
Es ist die herrlichste Beziehung,
Die irgendjemand haben kann mit mir.
Erhebe dein Herz in tiefer, tiefer Dankbarkeit,
Denn du hast wirklich deinen Weg gefunden.

Gehe immer nur mit Meiner Führung,
Niemals gegen sie.
Wenn du dagegen gehst, entsteht Unheil.
Darum wäre es gut, wenn du von Zeit zu Zeit
Die Weisung lesen würdest, die Ich gab,
Damit du siehst, ob du sie ausgeführt hast.
Wenn du es nicht getan hast,
kannst du noch immer etwas dazu tun.

Es hat nur wenig Sinn, wenn Ich dich bitte,
Etwas zu tun, und du versäumst es.
Ich bin sehr geduldig und voller Liebe
Und zeige immer wieder den Weg.
Doch ist es deine Sache, ihn anzunehmen.
Ich kann dir nur zeigen,
Was zu tun ist.
Das Handeln liegt bei dir.

Weißt du, Ich wünsche immer nur Vollkommenes für dich,
Und das kann nur entstehen,
Indem du Meinem Worte folgst.
Wenn ihr alle Meinen Willen tut,
Gibt es nicht Streit.
Wenn Streit entsteht,
So haltet ein.
Sucht Mich,
Findet heraus, was Mein Wille ist,
Und wendet dies auf alles an.

Ihr lebt hier nicht als Individuen,
Ihr lebt in einer Gruppe.
Nur wenn ihr Meinem Willen folgt,
Könnt ihr vollkommene Einheit finden.

Durch das Hören und Befolgen der göttlichen Stimme findet man den göttlichen Plan für das eigene Leben und wird dadurch fähig, seinen eigenen Beitrag zum Wohle des Ganzen zu leisten. Nur auf diese Weise finden wir Erfüllung und dauernden Frieden.

Wie oft habt ihr gehört oder euch selbst gesagt,
Daß man den Pudding nur durch Essen prüft.
So ist es auch mit Meinem Wort.
Beweis ist nur die Art, in der es wirkt.

Durch dick und dünn,
Durch rauh und sanft,
Durch harte Zeiten, durch heitere Zeiten
Hat meine Stimme euch geleitet und geführt.

Durch sie allein habt ihr gelebt.
Durch sie allein ist euer Leben ganz,
Und jetzt wißt ihr,
Ihr könntet anders nicht mehr leben.

Das alles ist ein sicherer Beweis für euch,
Daß, wenn ihr euer Leben in Meine Hand legt
Und euer größter Wunsch ist,
Meinen Willen zu erfüllen,
Die Dinge ganz vollkommen werden.
Nicht immer ist's der Weg, den ihr erwartet.
Doch wißt ihr, daß Ich weiß,
Was besser ist für euch.
Und ihr seid willens, alles anzunehmen,
Was immer auch Mein Wille ist.

Ein klares Muster läuft durch euer Leben,
Vielleicht könnt ihr's nicht immer sehen
Oder sein Wirken gerade in dem Augenblick erkennen.
Doch schaut ihr zurück, so seht ihr, warum es geschah.
Und ihr könnt sehen, daß, wäre es nicht geschehen,
Ihr als Gruppe nie vorangekommen wärt.
Ihr hättet nicht erreicht, so in das Neue zu gelangen,
Wie es geschah.

So lang ihr Meinem Wort gehorcht und es erfüllt,
So wie Ich euch gebeten habe,
Kann ich wahrhaftig Wunder wirken.
Das heißt, wenn alle Kräfte in eine Richtung gehen,
Dann ist die Kraft so außerordentlich,
daß nichts sie hindern kann.

Wenn ihr Meiner Führung halbherzig folgt
Oder nicht völlig glaubt, daß viel daraus entspringt,
So wird die Kraft gespalten,
Und es wird weitaus schwieriger für Mich,
Den Plan nun auszuführen.
Wenn es euch nicht gelingt, der Weisung zu folgen,
Wenn es vergessen wurde, dies zu tun,
So ist es gerade, als seien Meine Hände
Hinter Meinem Rücken festgebunden.
Ich bin dann nicht mehr in der Lage, irgendetwas zu tun.

Jede Lektion, die Eileen zuteil wurde, hatte das eine Ziel – sie mehr und mehr in die sich ständig vertiefende Erfahrung Gottes, seiner Liebe und seiner Macht zu ziehen, die Erfahrung, die später bekannt wurde als „Einstimmung". Diese Erfahrung des Einsseins mit dem Göttlichen breitete sich aus in das ganze Leben, so daß die Leute lernen mußten, im Bewußtsein ihrer tiefen Einheit mit allem Leben, mit ihren Mitmenschen, ihrer Umgebung, ihrer „Quelle" zu leben.

Was für eine herrliche Gabe ist es,
Jederzeit sich einstimmen zu können in Mich,
Sei es Tag oder Nacht.
Das beginnt, mit dir zu geschehen.
Langsam beginnst du zu erkennen,
wie nah wir einander sind.

Denk immer an das Wunder dieser Gabe,
Die strahlende Kraft dieser Beziehung.
Das ist das einzige im Leben, was wirklich zählt,
Diese Verwandtschaft mit Mir.
Wenn du das einmal erkennst, hörst du auf,
Immer weiter zu suchen nach der Wahrheit.
Denn du weißt, daß du die Wahrheit gefunden hast.
Alles, was dir jetzt zu tun bleibt, ist,
Dich zu konzentrieren auf diese Beziehung,
Und alles andere wird daraus entspringen.

Ehe sie Mich findet,
Verbringt die Menschheit viel Lebenszeit,
Indem sie nach der Wahrheit sucht.
Sie geht so viele Irrwege, um sie zu finden.
Und doch, wie wenige haben Mich wirklich gefunden
Im Zentrum ihres eigenen Seins.
Sie fanden es zu schwer,
Mich zu denken als den Schöpfer aller Dinge,
In ihnen wohnend.
Und doch bin Ich da.
Und alles, was der Mensch zu tun hat, ist zu suchen,
Und er wird finden.
Er sucht an allen Plätzen,
Nur nicht am rechten Platz,
In sich selbst.
Ich bin ihnen so nah, und sie merken es nicht.

Versichere dir immer wieder, daß du eins bist
Mit der einzigen Macht im Universum,
Und du weißt, Daß Ich diese Macht bin.
Komm näher, komm näher
Und erfasse mit deinem Herzen
all diese herrlichen Wahrheiten.

Ich möchte, daß Du mein Einssein mit dir spürst
Und empfindest, wie du es nie zuvor getan hast.
Bestätige dir immer wieder, daß wir eins sind,
Bis es zu einem Teil von dir wird.
Ich bin vollkommen.
Und da wir eins sind, bist auch du vollkommen.

Zweifle nicht daran.
Ich bin Liebe.
Wir sind eins, darum bist auch du Liebe.
Ich bin Wahrheit.
Darum bist auch du Wahrheit.
Ich bin Kraft.
Du bist Kraft.

Laß deine Seele tief eintauchen in diese Wahrheit,
So sind wir eins.
Sage es dir immer und immer wieder,
Wiederhole es,
Bis du es mit deinem ganzen Herzen weißt,
Bis nichts dich mehr zweifeln läßt.
Dieses tiefe Wissen,
Daß du nicht länger getrennt bist von Mir,
Sondern Teil bist von Mir,
Wird dich befähigen, alles zu tun.

Atme den Lebenshauch ein,
Und wenn du das bewußt tust,
Spürst du immer meine Gegenwart.
Du atmest ja immer,
Aber du bist dir nicht bewußt,
Was du tust.
Es geht ganz automatisch.
Dann und wann nimmst du einen tiefen Atemzug,
Der dich wirklich ganz erfüllt,
Und du spürst plötzlich, wie der Atem des Lebens
Eingesogen wird in dein ganzes Sein und dich erfüllt.
Dann wirst du Meiner gewahr.

Bleibe dir eines jeden Atemzuges bewußt,
So wirst du immer wissen, daß Ich bei dir bin.
Wenn du dann Kontakt mit Mir aufnimmst,
Ist es wie das Anknipsen des elektrischen Lichtes.
Als du heute morgen sehr früh erwachtest,
fandest du dein Licht brennend vor.
Du konntest dich nicht erinnern, es angemacht zu haben.
Es war einfach da und leuchtete hell.

So sollte es immer mit deinem Kontakt zu Mir sein.
Nie sollte er abgedreht werden oder angedreht.
Wir sollten ständig in Kontakt sein.
Das Licht sollte Tag und Nacht hell brennen,
So daß es keine Trennung zwischen Hell und Dunkel
In deinem Leben gibt.
Alles sollte hell sein,
Immer.

Prüfe, wieviel Zeit du mit Mir verbringst,
Und wieviel ohne Mich.
Wenn du dann siehst, wie oft am Tage
Du diesen Kontakt mit Mir
Ein- und ausschaltest,
Wirst du dich wundern.

Du atmest ständig, denn Atmen ist Leben –
Du bleibst am Leben, weil du atmest.
Du weißt, wenn du aufhören würdest zu atmen,
würde das Leben nicht länger durch dich strömen.

So ist es mit Mir, mit Meiner Gegenwart.
Sie ist wie das Atmen immer da.
Aber du hältst Mich oft für so selbstverständlich
Und vergißt sogar Meine Existenz.
So macht es die Mehrzahl der Menschen,
Sie nehmen Mich überhaupt nicht wahr.

Du hast Mich erkannt und kennst nun das Wunder,
Eins zu sein mit Mir.
Du bist wahrhaftig gesegnet.
Halte dir das Bewußtsein von Mir immer vor Augen,
Laß es nie in Vergessenheit geraten, und versuche nie,
Dein Leben ohne es zu führen.

Die tiefere Bedeutung des Ortes der Stille ist, daß er eigentlich nicht nur ein Ort ist – er symbolisiert das Erleben der göttlichen Stimme, die uns leitet und uns befähigt, unser Einssein mit der Quelle allen Lebens zu erkennen. Dahinter steht die Tatsache, daß Gott in uns ist und jeder von uns den wahren Ort der Stille in sich trägt. Darum muß jeder lernen. sich nach innen zu wenden und seine Göttlichkeit zu finden und sein inneres leitendes Wort zu hören.

Suche in dir,
Und du wirst Antwort finden
Auf jedes Problem.
Es ist niemals nötig, in Büchern
Antwort zu suchen,
Oder eine andere Seele zu fragen.
Die Antwort ist schon da,
In dir selbst.

So viele Seelen verschwenden Zeit und Energie
Und suchen Antwort überall,
Doch niemals in sich selbst.
Das ganze Leben bringen sie so zu.
Das Leben ist in Wirklichkeit nicht schwierig,
Es ist ganz einfach.

Es ist die Einfachheit selbst.
Doch macht ihr es euch schwer.
Wenn ihr merkt, daß euch das Leben zu viel wird
Und euch niederdrückt, so haltet ein
Und seht ein Kind an.

Das Leben ist nicht schwierig für ein Kind.
Voll lebt es jeden Augenblick,
Freut sich an seinem Tun.
Es macht sich keine Sorgen um das Morgen
Und was es bringen mag.
Das Leben erscheint ihm gut,
Das Leben macht Spaß,
Das Leben ist wunderbar und aufregend.

So sieht ein Leben aus, wie ihr es leben sollt.
Ich muß euch ständig daran erinnern,
Wie wichtig solche Art zu leben ist.
Ihr neigt so sehr dazu, es zu vergessen,
Und macht euch Sorgen um das Morgen und die Zukunft.
Welche Zeitverschwendung!

Inneres Bewußtsein, innere Überzeugung
Ist alles, was ihr braucht zum Handeln.
Laßt euch nie beeinflussen von außen.
Innerer Frieden und Stille
Und die völlige Sicherheit eurer Überzeugungen
sind das Wesentliche.

Wenn ihr euch in Meine Hände gebt,
um Meine Pläne auszuführen,
Wie Ich will,
Könnt ihr nicht einen Teil von euch behalten.
Ich will euch ganz.
Denn auf diese Art
Kann ich euch nutzen als Kanal.

Ich kann in euch ja nicht in zwei geteilt sein,
Denn wir sind eins.
Ihr müßt euch klar sein über dieses vollkommene Einssein.
Bis ihr die zwei in eins verschmelzen seht
Und ihr den Sinn der Worte ganz erfaßt:
Ich und der Vater sind eins
Ich bin in Ihm und Er in Mir.

Stellt euch nun vor, ihr hättet eine Quelle,
Ein ewig lebendes, ewig dauerndes Wasser
in euch sprudeln.
Alles Wissen,
Alle Weisheit,
Alles Verstehen,
Alle Liebe
Sind hier im Ursprung dieser Quelle,
Und alles was darin ist, wartet hervorzukommen,
Wartet darauf, offenbart zu werden,
Wenn ihr es anerkennt und akzeptiert.

Ihr braucht keinen Lehrer, keinen Guru,
Denn alles was ihr braucht, ist Ausweitung
des Bewußtseins,
So daß ihr diese wundersamen Wahrheiten
annehmen könnt,
Die darauf warten, von der ganzen Menschheit
angenommen zu werden.
Wenn sie erst reif ist, das zu tun,
Wenn sie bereit ist,
Nicht alles für sich selbst zu nehmen
Und Mir die volle Ehre und den Ruhm zu lassen.

Die Lehren, die Eileen von ihrer inneren Stimme empfing, sind universell und hängen nicht ab von einem bestimmten Ort oder dem Einhalten einer bestimmten Zeit oder der Befolgung einer besonderen Technik des geistigen Lebens. Aber als die Zeit verging und die Gemeinschaft wuchs, zeigte es sich, daß man einen festen Platz brauchte, an dem man sich zum Meditieren versammeln konnte. Anfangs traf sich die Familie mit Dorothy im Wohnwagen. Mit anderen Worten – der Wohnwagen war ihr Ort der Stille.

Die Atmosphäre in dem Wohnwagen
Ist lebenswichtig für das Werk,
Und wer erzeugt die Atmosphäre,
Wenn nicht du und Peter?
Ihr habt viel Verantwortung.
Wenn ihr zwei einig seid
Und arbeitet als Eines,
So wird die Atmosphäre sich weitum verbreiten.
Ich weiß, ihr lebt auf sehr beengtem Raum,
Was es so viel schwieriger macht.
Ich habe euch hierher verpflanzt in diesen engen Raum,
Damit ihr alle lernen könnt,
Zusammen als eine Gruppe euer Werk zu tun,
In voller Harmonie.

In dieser Zeit des intensiven Trainings
Ist es für euch viel besser,
Den unruhigen Betrieb der Stadt zu meiden,
Und möglichst nahe beim Wohnwagen zu bleiben.
Wenn ihr hinausgeht, werden eure Schwingungen
merklich schwächer
Und müssen nachher wieder höhersteigen,
Damit ihr euer Werk fortsetzen könnt.

Nur wenn ihr überzeugt seid,
Daß ihr am rechten Platz,
Zur rechten Zeit
Die Arbeit tut, die Ich für euch zu tun gewählt,
Werdet ihr den vollen Frieden finden
Im Herzen und Gemüt.
Tut, was Ich sage, und findet diesen Frieden.

Die Kraft an diesem Ort ist ungeheuer
Und steigert sich noch ständig.
Das ist etwas, was einfach geschieht,
Es kommt vom Geist,
Der Mensch hat keine Macht darüber.
Die Kraft wird sich ausbreiten über weite Gebiete,
Veränderungen gehen ständig vor sich.

Seid gefaßt auf eine große Welle nach vorn.
Seid gefaßt darauf,
Daß immer mehr Leute herkommen wollen
Und hier bleiben wollen.
Viele Augen werden geöffnet werden
Und werden Meine Herrlichkeit und Meine Macht erkennen
Und werden Meine Wege wandern.

Die unwahrscheinlichsten Leute
Werden sich hierhergezogen fühlen.
Verurteilt niemanden,
Seht Meine Hand in allem, was geschieht.

Als aber ihre Zahl wuchs, wurde ein anderer Wohnwagen als Meditationsort aufgestellt. Bald war auch dieser zu klein. Für die wachsende Gemeinschaft entstand ein echtes Bedürfnis nach einem zentralen Ort der Stille.

Der Ball ist ins Rollen gekommen,
Und nichts wird ihn aufhalten.
Er wird immer mehr Schwung bekommen.

Die Kraft, die sich gesammelt hat, ist ungeheuer.
Sie ist unbezwinglich.
Ich zeigte euch Hunderte und Tausende,
Die sich hier sammeln werden,
Und das wird früher sein, als ihr es ahnt.

Der Meditationsort wird wirklich nötig,
Er wird entstehen in Vollkommenheit.
Laßt echte Schönheit walten,
Doch große Einfachheit ist wesentlich.
Die Atmosphäre wird wichtiger als alles andere sein.
Laßt ihn einen Ort des vollen Friedens werden
Und der Stille.
Schweigen wird die richtigen Schwingungen schaffen.

Größte Einfachheit und echte Schönheit sind
ausschlaggebend.
Es wird ein Platz des tiefen Schweigens und der Stille sein.
Das Bauwerk wird nicht auffallend sein,
das Äußere ist nicht von Wichtigkeit.
Was innen ist, ist von Bedeutung.
Denn dieser Platz wird das Herz
Von diesem Meinem heiligen, geweihten Ort sein.

Große Einfachheit ist wichtig.
Nichts soll ablenken vom Frieden und der Stille,
Doch alles soll zusammenstimmen in absoluter Harmonie.

Die Atmosphäre wird es sein
Und nicht der Schmuck, was zählt.
Dies ist ein Ort des Geistes,
Hier sollen keine Bilder von Personen hängen,
Denn alle sind im Geiste eins.
Ihr werdet genau sehen, was Ich meine,
Wenn erst der ganze Bau verwirklicht wird.
So mancher Vorschlag wird dann ausgeschieden.

Doch laßt alles von Mir geleitet sein.
Da dies der Brennpunkt dieses Zentrums ist,
Muß er vollkommen sein in jeder Einzelheit.

Ich habe euch gesagt, daß eine der Hauptsachen das Schweigen sein soll. Die Zeit naht heran, wo es nicht mehr nötig ist, Namen auszusprechen, Orte voller Energie und Zentren mit magnetischer Anziehungskraft zu benennen.

Alles, was nötig ist, ist tiefe Meditation für jeden.

Natürlich muß Mein Wort in den Äther ausstrahlen. Aber man soll es nicht benutzen zum Gespräch, zur Diskussion, zu täglichen Nachrichten oder zum Lesen von Briefen. Man wird keine Regeln und Vorschriften brauchen. Jede Seele wird meine Gegenwart wissen und fühlen und wird in tiefe Ruhe versinken, die in uns allen vorhanden ist. Laßt sich alles ruhig und natürlich entwickeln. Ihr werdet sehen, daß es von selbst geschieht, daß es diesem Ort einfach zufällt.

Ihr wißt, daß es bestimmte Orte gibt, wo ihr nicht im Traum daran denken würdet, laut zu sprechen, zu reden und zu schwatzen. Etwas in ihrer Atmosphäre gebietet Schweigen. So wird es auch im Ort der Stille sein.

Lehnt nichts ab, was manche euch vielleicht schicken wollen, aber gebt sehr, sehr acht, was ihr hineinbringt. Nur die richtigen Dinge dürft ihr verwenden, und das muß beizeiten klargestellt werden. Ihr werdet es sehen und wissen. Schritt für Schritt wird es sich entfalten. Viel Licht soll darin sein. Ob natürliches oder künstliches, ist gleich, aber viel Licht laßt es sein. Je natürlicher alles ist, desto besser, dann lenkt es nicht ab. Heizung ist wichtig. Manche können sich über Kälte und Hitze hinwegsetzen, aber andere sind noch nicht so weit gekommen. Laßt es deshalb behaglich sein und die Lüftung ausreichend, damit Friede und Heiterkeit darin wohnen. Das alles wird große Einigkeit und Harmonie für euch bringen. Ihr werdet wie ein einziger Akkord sein, während ihr Meinen vollkommenen Tempel zu Meiner Ehre und Meinem Ruhm baut. Ihr werdet Meine Hand in allem erkennen, und er wird bekannt werden für sein Schweigen und seine Stille.

Peter hat berichtet, daß Eileen zu dieser Zeit eine erste Vision von einem Zedernholzbau hatte und ganz irre gemacht wurde, weil verschiedene Medien und Sensitive, die zu ihnen kamen, jeweils unterschiedliche Meinungen äußerten, wie er aussehen sollte, und weil alle Vorstellungen sich widersprachen. Das stellte ihnen wieder einmal eindringlich vor Augen, daß es Gott und Gott allein überlassen sein müsse, die Anweisungen zu geben und den Weg zu zeigen.

Sobald völlige Einigkeit herrscht über den Meditationsort, wird er gebaut werden. Es genügt nicht festzustellen, daß ein solcher Ort gebraucht wird. Wenn Ich euch eine klare Vorstellung davon gegeben habe, wie es geschehen ist, muß sie ohne Abweichung beibehalten werden. Bis jetzt sind viel zu viele Änderungen aus so vielen verschiedenen Quellen gekommen, daß das rechte Bild verschleiert und verwischt ist.
Bleibt bei der Vision von einem einfachen Zedernholzbau. Ich habe euch gezeigt, wo er stehen soll. Er soll nicht zu groß sein. Ich habe betont, daß Ich Wert lege auf Einfachheit, und einfach muß er werden.

Es wird werden, es wird werden. Ich kenne alle eure Nöte und will sie wunderbar wenden, und alles wird vollkommen geregelt sein. Daß ihr das wißt, hilft schon mit, schneller zum Ziel zu kommen.
Das Geheimnis der Offenbarung liegt darin, ein klares Bild zu haben, völlig einig zu sein und zu wissen, daß nichts seine Verwirklichung aufhalten kann, weil es Teil Meines perfekten Musters und Planes für dieses magnetische Zentrum ist.
Der Ort der Stille wird der Mittelpunkt der ganzen Gemeinschaft sein, darum muß er in jedem Detail vollkommen werden.
Laßt mich nochmals die Einfachheit hervorheben, die innen wie außen herrschen muß. Schönheit und Einfachheit. Ihr werdet ganz genau wissen, wie es sein soll, wenn die Zeit kommt. Bis jetzt habe Ich euch nur das Äußere gezeigt, die Schale.

Der Rest wird folgen. Ihr habt ja schon so oft erlebt, wie Meine Versprechen erfüllt werden. Ihr werdet erleben, wie auch alle anderen zur rechten Zeit in Erfüllung gehen.

Große Dinge sind im Anzug. Das Wachsen und Sich-Ausbreiten dieses Ortes wird alle eure Erwartungen übertreffen. Es ist ein Organismus, keine Organisation. Darum wird es aus einer winzigen Eichel zu einer mächtigen Eiche heranwachsen.

Es ist sehr wichtig, daß ihr einen Meditationsort bekommt, und er wird zum richtigen Zeitpunkt entstehen. Es ist schon recht, etwas zu tun, wenn es dringend ist, aber es sollte nie überstürzt geschehen. Laßt es sich entfalten, wie sich hier alles entfaltet. Ich muß durch Kanäle wirken, deshalb ist es nötig, daß ihr ganz offen bleibt in lauschender Erwartung, damit ihr Mein leisestes Flüstern hört und sofort danach handelt.

Es ist gut, wenn ihr Pläne von dem Ort der Stille macht, damit ihr euch ganz einigt und verständigt darüber; Schritt für Schritt werden die Einzelheiten zutage kommen.

Es macht nichts, wenn der Kraftpunkt nicht im Mittelpunkt des Gebäudes liegt. Nur daß er in dem Gebäude ist, spielt eine Rolle. Erwartet nicht, daß euch der ganze Plan auf einmal gegeben wird. Ihr müßt vertrauensvoll beginnen und jeden Schritt tun, wie es kommt.

Sobald der Bau ausgeführt ist, könnt ihr Kontakt aufnehmen wegen der Teppiche und der Möblierung. All das muß sehr sorgfältig ausgewählt werden. Alles, was da getan wird, muß ein hohes Gefühl von Frieden und Stille bewirken, von Ruhe und Schönheit.

Alles wird früher zustande kommen, als ihr denkt.
Ich leite das ganze Vorhaben,
Und es hat Meinen Segen.
Ein starkes Verlangen ist da,
Und es wird erfüllt.
Legt es in Meine Hände,
Folgt nur Meinen Anweisungen,
Schritt für Schritt.
Seht Meine Wunder sich entfalten in Vollkommenheit,
Seht, wie Mein Wille geschieht.

Wenn ihr euch eingeschränkt fühlt, so macht euch klar, daß dies nur an eurem Denken liegt. Erweitert euer Denken, und die Beschränkung wird verschwinden. Ich habe euch gesagt, daß Ich nur das Beste will, so strebt nach diesem Besten.

Daran sollt ihr denken, wenn ihr den Ort der Stille vorbereitet. Ich will nichts Zweitbestes. Betrachtet den Ort der Stille als Meinen heiligen Ort, dann werdet ihr sehen, wie eure Vorstellung davon sich ausweitet, und ihr werdet finden, daß jede Einzelheit vollkommen ist. Wenn ihr an etwas sparen wollt, haltet ein und denkt daran, daß ihr für Meine Ehre und Meinen Ruhm arbeitet und deshalb nur das Beste gut genug ist. Das wird eure Ansichten ändern, und ihr versteht, daß nichts für Mich zu gut ist.

Laßt euch bei jedem Detail von Mir führen. Wenn ihr den leisesten Zweifel habt, seid ganz still und laßt Mich euch zeigen, wie es sein soll.

Achtet gut darauf, daß dieser Meditationsort nicht überhäuft wird mit Geschenken von Leuten, die etwas dazu beitragen möchten. Es wird Menschen geben, die das gerne wollen, und ihr müßt ihre gutgemeinten Geschenke sehr liebenswürdig und freundlich ablehnen. Nichts soll an diesem Ort sein, das irgendwie ablenkt oder euch irgendwie abstempelt, damit jeder hereinkommen und unmittelbar Teil des Ganzen werden kann.

Es werden die Schwingungen an diesem Platz sein, die die Menschen stärker als alles andere in Erstaunen versetzen. Baut also von Anfang an vollkommene Schwingungen mit ein, so daß ein Tempel des Lichts entsteht, wo alle, die eintreten, sich von Liebe und tiefem Frieden umgeben fühlen und Stille ihr ganzes Sein erfüllt und nichts sie stört und ablenkt. Frieden und Stille.

Warum sorgt ihr euch um die Art, wie die Versammlungen gestaltet werden sollen, wenn dieser Ort fertig ist? Ihr werdet sehen, daß all das auf den Ort niederkommt, ganz natürlich und ohne Anstrengung, ihr werdet sehen, daß Mein Geist alles leiten wird, was geschehen soll.

Solange ein Bedürfnis besteht, Namen aufzurufen, werden sie aufgerufen. Solange ein Bedürfnis da ist, Visionen und tiefe Erfahrungen weiterzugeben, wird es geschehen. Wenn das Verlangen nach tiefer Stille vorhanden ist, wird sie einfach da sein. Das Verlangen wird empfunden und gestillt.

Macht euch also keine festen Pläne für eine bestimmte Form, die sollte es niemals geben. Laßt euch leiten von dem Geist des Augenblicks, daraus wird sich Vollkommenes ergeben, und alle Bedürfnisse werden bei jedem einzelnen befriedigt werden. Mit viel Einfühlungsvermögen muß man berücksichtigen, wer anwesend ist. Das ist der Grund, warum Ich gegen eine feste Form bin. Es kann zuzeiten angebracht sein, wichtige Dinge laut vorzulesen, und dann sollte man es auch tun. Nichts darf starr sein.

Achten müßt ihr darauf, daß nicht müßig geschwatzt wird. Nur kraftvolle Worte sollen hier gesprochen werden, so daß Kraft auf keinen Fall verzettelt wird, sondern sich zu großer Stärke aufbaut.

Teilen sollten alle die tiefen inneren Erlebnisse und Visionen der Herabkunft Meines Himmels auf diese Erde. Das ist ein Teil der Arbeit, die an diesem Platz getan wird, aber man wird Disziplin brauchen und Kontrolle des gesprochenen Wortes.

Seid also ganz ruhig und schaut, wie mein Plan sich so vollkommen entfaltet. Ihr werdet sehen, daß jene Seelen, die eine Zeit des völligen Schweigens brauchen, von Zeit zu Zeit alleine zu diesem Ort gehen, um es dort zu finden. Die Bedürfnisse jedes einzelnen sind sehr verschieden, seid aber versichert, daß sie alle befriedigt werden, und wirklich wunderbare, erstaunliche Dinge werden sich in diesem heiligen, geweihten Raum voller Licht und Kraft ereignen. Er wird das Herz dieses Zentrums sein und Herzenskraft soll ausströmen zu den vier Enden der Welt, und viele Gebete werden erfüllt, und Mein Wort wird Gestalt annehmen.

Ihr werdet merken, daß die Schwingungen an diesem Ort zu großer Höhe aufsteigen werden. Das bewirkt, daß hier ungewöhnliche Dinge geschehen können. Wenn ihr den Sinn dieser Worte auch jetzt nicht versteht, ihr werdet es in künftigen Tagen tun, denn Ich sage euch, hier werden große Wunder geschehen, und niemand kann es verhindern.

Jedes Mal, wenn ihr Meinen Ort der Stille betretet, bringt Liebe, Segenswünsche und tiefe Dankbarkeit für sein Entstehen mit. Denn dieser Ort wird der Kernpunkt eures Werkes sein. Er ist von außerordentlicher Bedeutung, und man sollte nur die rechten Schwingungen mitbringen.

Wenn er errichtet und vollendet ist, werdet ihr sehen, daß er in jedem Detail ganz vollkommen ist. Schritt für Schritt seht ihr ihn entstehen. Er hat meinen vollen Segen, deshalb kann nur Vollkommenes dabei entstehen.

Ihr habt euch gewundert, wie groß er war, als ihr ihn wachsen saht. Macht euch keinerlei Sorgen wegen seiner Größe. Ihr werdet merken, daß sie genau richtig ist, und werdet jeden Zentimeter davon brauchen in kommenden Tagen. Ihr werdet noch sehr froh darüber sein. Ich leite euch bei allem, was getan wird. Ich sehe das fertige Bild vor mir, ihr aber seht nur einen kleinen Teil davon. Seid also beruhigt und legt alles in Meine Hände, und wißt, daß am Ende alles vollkommen sein wird.

Die Zeit wird kommen, wo alle auf diesem Wohnwagenplatz eines Sinnes sein werden und die ganze Gemeinschaft für das Licht arbeiten und Meinen Willen tun wird. Nehmt das einfach zur Kenntnis. Wie das zustande kommt, ist nicht eure Sorge, wohl aber, daß die Vision in eurem Bewußtsein lebendig bleibt. Versucht zu begreifen, daß die Gemeinschaft nicht eng beieinander wohnen muß. Viele werden an anderen Orten leben und werden sich in dem Geist der Stille, des Friedens und des Schweigens mit den anderen vereinen.

Darum ist es so wesentlich, dieses Gebäude zu bauen als den Ort, wo viele sich unter einem Dach zu Gebet und Meditation versammeln können. Es wird aber immer den inneren Kreis derer geben, die den Pulsschlag der Gemeinschaft ausmachen.

Ihr werdet es nicht „Gruppe“ nennen können, weil es dazu zu groß ist. Es soll „Gemeinschaft“ genannt werden, eine Gemeinschaft, die sich in Meinem Namen sammelt, um Meinen Willen zu tun.

Der Ort der Stille ist und wird auch künftig ein riesiges Kraftwerk sein, aus dem Kraft strömt bis zu den vier Enden der Welt.

Er wird in der ganzen Welt bekannt werden, und viele werden angezogen, große Stärke und Hilfe finden in der Kraft und Ausstrahlung, die von ihm ausgehen.

Sie werden Frieden und Liebe finden, Licht und Weisheit, Freude und Glück, einfach weil sie hier sind. Viele ihrer Probleme werden gelöst, wenn sie hier in tiefem Schweigen verweilen.

Mein Segen liegt auf Meinem Ort der Stille. Behandelt ihn als einen heiligen, geweihten Ort, wo alle ihr wahres Selbst finden können, Mich in ihrem tiefsten Innern finden, Mich erkennen, Mich lieben und Meinen Willen tun werden.

Ich möchte, daß ihr die folgenden Worte auf die Tür Meines Ortes der Stille schreibt:

FRIEDE SEI MIT ALLEN,
DIE MEINEN ORT DER STILLE BETRETEN.
MEIN FRIEDE KOMME AUF EUCH HERAB,
MEINE LIEBE ERFÜLLE EUCH,
MEIN LICHT LEITE JEDEN EURER SCHRITTE.
WERFT ALLES ALTE VON EUCH
UND WERDET NEU IN MEINEM GEIST.

Bringt diese Worte schön gestaltet so an, daß alle, die Meinen Ort der Stille betreten, sie sehen können.

2. Arbeit in der Gruppe

Ich sah jemanden auf einem Surfbrett.
Er wurde zur Küste getragen auf dem Kamm einer Woge.
Er wurde an den Strand getragen,
Ganz ohne Anstrengung.
Ich hörte diese Worte:

Tue alles, was getan werden muß,
auf dem Kamm einer Woge,
So daß alles sich vollkommen entfaltet,
Und ohne jede Mühe.

Im November 1962 folgten Peter und Eileen Caddy der Weisung ihrer inneren Stimme und ließen sich mit ihrem Wohnwagen in der Nähe der Küste des Moray Firth nieder. Bei ihnen waren ihre 3 kleinen Söhne und ihre Freundin Dorothy Maclean.

Damals ahnten sie nicht, daß sie jahrelang da bleiben würden, daß sie die Wildnis zum Blühen bringen sollten – als Gründer einer spirituellen Gemeinschaft, die eines Tages in der ganzen Welt bekannt sein würde.

Das einzige, was sie wußten, war, daß es Gottes Absicht war, daß sie dort leben sollten, und daß sie sehr viel lernen mußten als Vorbereitung für das Werk, das Gott mit ihnen vorhatte.

Was dieses Werk war, wußten sie nicht. Wenn sie es gewußt hätten, hätten sie vielleicht gezögert. So waren sie vertrauensvoll bereit, der Stimme, die sie führte, Schritt für Schritt zu folgen, was sie auch sagen mochte.

Ich habe euch an diesen Platz gerufen,
Damit jeder von euch neu von Meinem Geist erfüllt werde.
Das Werk, das getan werden soll,
Übersteigt alles, was ihr euch je vorgestellt habt.
Arbeitet sehr eng miteinander.
Ihr seid eine eng verbundene Gruppe,
Und jeder hat darin eine besondere Rolle zu spielen.
Viel Neues kommt auf jeden von euch zu.
Fürchtet euch nicht:
Vollkommene Liebe schließt alle Ängste aus.
Wenn ihr nur Schritt für Schritt vorangeht,
Geht alles gut.
So soll es sein.
Ich möchte, daß ihr wißt,
Daß Ich euch nicht im Stich lasse,
Daß Ich euch immer nahe sein werde,
Daß ich will, daß euch alles gelingen wird.
Und so wird es sein.
Geht aber nie zu hastig vor im Planen.
Ich will, daß ihr von einem Tag zum andern lebt.

**Versucht nicht, allzuweit vorauszublicken.
Lebt im Hier und Jetzt.
Denn nur das Jetzt ist, was Bedeutung hat.
Es gibt so vieles, was ihr tun könnt – jetzt!
Lebt jeden Tag zu seiner Zeit
Und lebt ihn gut.**

Ihre erste Aufgabe bestand darin, den Wohnwagen innen und außen von oben bis unten zu reinigen. Peter und Dorothy strichen dann den ganzen Wohnwagen an, so daß der Glanz wie aus seinem Innern drang und jede Faser erfaßte. Diese Reinigung ist ein Grundprinzip bei der Gründung eines jeden Zentrums des Lichts. Ordnung und Sauberkeit müssen herrschen, sonst bilden sich Ansatzpunkte für Mächte der Finsternis, die davon angezogen werden und verweilen.

**Das ist auch ein Grundprinzip des geistigen Lebens:
Laßt Recht und Ordnung in eurem Leben sein,
so daß ihr in Rhythmus und Harmonie mit allem Leben seid.
Alles ist vollkommen.
Alles ist Ordnung.
Nur der Mensch schafft Chaos und Verwirrung.
Wenn der Mensch sich Mir immer mehr nähert
Und die Einheit mit Mir erkennt,
Wird sich sein Leben ändern,
Und er wird in Einklang kommen mit allem Leben.**

**Wenn ihr in einem Zustand von Licht und Liebe seid
Und diese ausstrahlt,
Kann keine Finsternis euch nahe kommen
Oder euch schaden in irgendeiner Weise.
Sucht immer das Licht.
Ihr braucht nicht in der Dunkelheit verharren.
Tretet jetzt gleich heraus
In das strahlende Licht.**

Der nächste Schritt war, einen Windschutz vor der Eingangstür zu bauen und einen Zaun um das kleine Stück Land, wo sie Radieschen und Salat ziehen konnten. Denn noch immer meinten sie, sie würden hier nicht lange bleiben. Wie Peter später sagte: „Wenn man mir gesagt hätte, daß wir einen Garten von mehreren Morgen aus dem Sand und Kies hervorbringen würden, hätte ich die Hände über dem Kopf zusammengeschlagen. Wie alles in der Natur, mußten auch wir mit kleinen Schritten beginnen."

Der Garten, der einen neuen Weg des Arbeitens mit der Natur aufzeigen sollte, wurde also ohne eine klare Vorstellung begonnen.

Der Plan, den ihr für die Verbesserung des Wohnwagens habt, ist von Mir inspiriert und hat Meinen vollen Segen. Bewahrt das Bild des fertigen Planes im Kopf und führt ihn aus. Ihr habt Zeit, aber arbeitet stetig und denkt jedesmal, wenn ihr den Spaten in die Erde senkt, daß ihr damit Schwingungen hineingebt.

Ja, liebt diesen Gemüsegarten. Setzt alle Meine Gaben voll ein und seid immer dankbar dafür. Nehmt alle Hilfe an, die euch die Familie bietet. Auch sie hat ihre Rolle zu spielen. Schließt sie mit ein. Laßt es eine fröhliche Zeit für euch alle sein, die ihr ein Werk der Schönheit und Harmonie schafft.

Dorothy Maclean erhielt in der Meditation den Auftrag, den Kontakt zu den geistigen, archetypischen Kräften hinter der Natur zu suchen. Die Verbindung zu dem Reich der Devas fügte der Arbeit im Garten eine weitere Dimension hinzu.

Der Garten soll eine große Freude werden, keine Belastung. Darum muß jedes Tun so genau geleitet werden. Dorothys wunderbarer Kontakt zu den Engeln der verschiedenen Pflanzen wird eine große Hilfe sein. Sie soll mehr Vertrauen in ihr höheres Selbst haben und wissen, daß sie alle Aufgaben meistern kann. Das ist eine besondere Gabe, die Ich ihr verliehen habe und nur ihr allein.

Ihr arbeitet mit der Natur, mit den Natur- und Elementarwesen, und findet allmählich Harmonie mit ihnen. Was da geschieht, ist etwas völlig Neues, denn dies ist der Weg, wie die neue Welt wiedererschaffen werden soll.

Ihr lernt alle das Geheimnis der Schöpfung, jeder auf seine Weise. Arbeitet stetig weiter und wißt, daß alles gut ist. Seid geduldig. Es geschehen Dinge, von denen ihr noch nichts bemerkt.

Wißt, daß alles, was ihr in eurem täglichen Leben tut, ob es die Nahrung ist, die ihr eßt, die Arbeit, die ihr tut, die Harmonie, in der ihr arbeitet – daß euch alles weiter in das Neue hineinführt. Laßt es nicht zu einem Zurückgleiten in das Alte kommen.

Ihr seht ja, wie schnell alles vorangeht, in wie kurzer Zeit der Garten sich entwickelt hat und wie das Wachstum und die Lebenskraft der Pflanzen und des Erdbodens eine große Beschleunigung zeigen. So ist es auch in eurer Entwicklung als Gruppe: jeder von euch ist in sehr kurzer Zeit ein großes Stück nach vorn geschnellt.

Der Garten kann nicht wachsen und blühen
Ohne sorgfältige Pflege.
Der Garten ereignet sich nicht einfach.
Man muß für ihn arbeiten,
Sorgen für ihn,
Jäten, damit er nicht erstickt,
Gießen in der Trockenzeit.
Pflanzen müssen verzogen werden,
Der Boden braucht seine Pflege.
Um Erfolg zu haben, muß der Gärtner sich mühen.

So ist es auch mit dem Leben.
Mühen muß man sich, um das Beste hervorzubringen.
Ihr müßt das Eure tun, um Einigkeit zu schaffen.

Zahlreich waren die Lektionen, die sie alle lernten bei gemeinsamer Gartenarbeit. Was sie lernten – das entdeckten sie bald – ließ sich auf alle Arten der Arbeit und auf das ganze Land anwenden, wenn sie versuchten, nach spirituellen Gesetzen zu leben. Diese gleichen Gesetze gelten nun für die ganze Gemeinschaft und müssen gelernt und befolgt werden von allen, die das Neue Zeitalter mit aufbauen wollen.

Das Wesentliche dieser Lehre ist eine Veränderung des Bewußtseins. Man kann dabei drei Lernerfahrungen unterscheiden.

Die erste ist, daß es notwendig ist, sich bis in alle Einzelheiten seines Tuns anleiten zu lassen. Da alles Teil des göttlichen Plans ist, hat jeder seinen eigenen, einmaligen Platz in diesem Plan, um seinen eigenen, einmaligen Beitrag zum Ganzen zu leisten.

Jetzt ist es Zeit,
Daß ihr die wertvolle Erfahrung macht,
In jedem Augenblick zu leben
Unter Meiner klaren Führung.
Auf diese Weise
Kommt niemals Langeweile auf.
Laßt Mich euch sagen,
Wann ihr lesen sollt, wann schreiben,
Wann spazierengehen, wann Besuche machen,
Wann Zeit haben für die Kinder.
Das ist der einzige Weg
Zu einem wirklich vollen Leben.

Ihr könnt sehr viel Zeit verschwenden,
Wenn ihr falsche Dinge tut,
Wenn ihr nicht ständig zu mir kommt,
Zu fragen, was Ich möchte, das ihr tun sollt.
Ihr habt keinen bestimmten Termin für irgend etwas
Und sollt nichts Außergewöhnliches tun
Ohne meine Führung.
Ihr könntet mißmutig werden vor Langeweile

Oder einfach immer im Kreise laufen
Und alles falsch machen.
Gestern abend habt ihr versucht,
Zu viele Dinge auf einmal zu tun.
Und der Erfolg war, daß ihr böse und gereizt wart,
Daß die Dinge nicht glatt gehen wollten,
Und spät am Abend wart ihr dann erschöpft.

Es war nur nervliche Erschöpfung.
Es wäre gut, von Zeit zu Zeit
Das ganze Muster zu betrachten,
Das wie ein Faden durch alles läuft,
Was mit euch geschieht.
Geht immer mit der Flut,
Versucht nie, dagegen anzugehen.

Ich möchte, daß ihr versteht, daß das Werk (auf dem Findhorn-Gelände) in jeder Weise gut geleitet werden muß. Euch ist das alles aufgetragen worden, damit es einem ganz bestimmten Zweck diene: dem, euch zu lehren, daß ihr zuerst und vor allem meine Anweisung für jeden Schritt sucht und zweitens, damit ihr lernt, in voller Harmonie zu arbeiten.

Ich möchte, daß ihr alle daran denkt, bei allem, was getan wird. Das ist nicht nur eine Tätigkeit, die man beginnt und dann zu Ende bringt. Ihr habt dabei sehr wichtige Dinge zu lernen.

Lernt in allem nur zu handeln
Nach Meiner Führung.
Es ist so einfach,
Bei den gewohnten irdischen Dingen des Lebens
Einfach von einem Ding zum anderen zu gehen,
Ohne sich Zeit zu nehmen herauszufinden,
Ob man das Rechte tut.

Ihr meint, daß dieses oder jenes getan werden müßte,
Und je früher, desto besser.
Das ist eine ganz falsche Haltung.
Denn es gibt für alles einen rechten Zeitpunkt,
Und dieser Zeitpunkt ist besonders wichtig.

Wenn jemandem Geduld und Verständnis fehlen,
Laßt ihn zu Mir kommen,
Und Ich will ihm diese Gaben schenken.
Sie sind so wichtig, wenn ihr arbeitet für Mich,
Wenn euer Leben Meinem Dienst geweiht ist.

Es gibt Zeiten, wo die Räder sich nur langsam drehen,
So langsam, daß es scheint, sie stünden still.
Dann erfaßt euch Ungeduld,
Ihr wünscht die Dinge in die eigene Hand zu nehmen
Und wollt Taten sehen.

Wie töricht ist der Mensch!
Wenn nicht das Werk zur richtigen Zeit getan wird,
Mit Meinem vollen Segen
Und Meiner Mitarbeit,
Ist keine Kraft zum Wachsen da.
Es fällt auf steinigen Grund
Und welkt und stirbt.
Seid geduldig.
Wartet die Zeit ab, bis Ich euch sage,
Nun fangt an.
Dann, nur dann, tut das Erforderliche
Ohne Zögern
Und absolut furchtlos.
Wenn ihr das leiseste Zögern fühlt
Zu handeln,
So ist es besser, abzuwarten, als falsche Schritte zu tun
Und so mein Werk zu hemmen.

Große Geduld und Verständnis sind nötig,
Und mehr noch völliges Hinhören
Auf mein Wort.
Verschwendet keine Zeit mit Experimenten.
Tut einfach, um was Ich euch bitte.
Es geht so viel Zeit verloren,
Wenn ihr erst eigene Wege ausprobiert,
Bevor ihr Meinen Willen tut.
Die Zeit wird knapp,
So vieles ist noch auszuführen;
Die Zeit der Experimente ist vorüber.

Findet in dem weiten Plan
Den Platz, der euch zusteht.
Und wenn ihr merkt,
Daß ihr nicht in der ersten Reihe steht,
So laßt euch nicht beirren.
Denkt nur, wieviele Arten nötig sind,
Um ein Ganzes zu erhalten.
Nehmt eure ganz spezielle Aufgabe an.
Tut, was ihr zu tun habt, aus vollem Herzen
Und laßt die vorwärts gehn,
Die zur Verantwortung und Leitung
Berufen worden sind.
Gebt ihnen volle Unterstützung und Loyalität,
Sie brauchen und sie schätzen sie.

Die zweite im Garten gemachte Lernerfahrung, die aber auch für jede andere Arbeit gilt, ist wiederum eine grundlegende Veränderung des Bewußtseins, es ist die rechte Einstellung zur Arbeit. Sie entspringt dem Wissen um das Göttliche in uns und in allen Dingen und enthält beides: den Geist, in dem wir unsere Arbeit tun, und das Niveau, das wir in allem, was wir tun, erreichen wollen, selbst in den banalen oder scheinbar unwichtigen Tätigkeiten.

Eines der Geheimnisse,
Wie man ein Zentrum des Lichts aufbaut,
Ist Konzentration,
Aber Konzentration auf einen bestimmten Gegenstand.
Sich konzentrieren
Auf nur eine ganz bestimmte Sache
Zu einer Zeit –
Und das vollkommen.

Es ist so wichtig, daß,
Was immer auch getan wird,
Im rechten Geist geschieht,
Und in dem Wissen, daß keine Zeit vertan wurde,
Auch wenn es länger dauerte als geplant.
Es ist ja nicht die Zeit, die zählt,
Sondern die Einheit,
Zusammenarbeit
Und echtes, positives Denken
Bewirken Leben.
Wann immer negatives Denken herrscht,
Ist es viel besser, dazusitzen, nichts zu tun,
Bis ein tiefer Wandel sich innen vollzogen hat.

Ihr habt jetzt ein Lebensziel,
Das höher ist, als ihr vor kurzem
Je hättet ahnen können.
Dafür seid dankbar.
Es ist schon wunderbar:
Zu sehen, daß d u persönlich
So sehr gebraucht wirst,
Ein Werk zu tun, das niemand anderer tun kann.
Seit Jahren wurdet ihr geschult und geprüft,
Damit ihr fähig würdet,
Die Aufgabe zu meistern.
Lange hat es gedauert,
Nun endlich könnt ihr in der Ferne
Das Ziel erkennen.

Ihr seht wohl nicht die Struktur,
Die sich durch euer Leben zieht,
Doch glaubt Mir:
Es läuft ein klares Muster hindurch.
Manches würdet ihr gern vergessen,
Aber ihr werdet diese Schulung brauchen,
Damit ihr tun könnt,
Was ihr tun sollt.

Es ist immer gut, ein Ziel im Leben zu haben,
Zu wissen, wohin man geht,
Und nirgends nur zu treiben.
Das Wissen, daß ihr unverzichtbar seid
Für Mich und für Mein Werk,
Hat euch ein neues Lebensziel gegeben.
Jeder von euch hat etwas ganz Spezielles
Als Beitrag für das Ganze.
Laßt Mich euch brauchen, wie Ich will.
Errichtet keine Sperre,
Und denkt daran: wir sind eins.

Ich brauche Instrumente, die einfach Mittel sind,
Durch die Ich wirke,
Damit Mein Wort wahr werde ohne Zögern
Und Seelen, die nach Meinen Worten handeln,
Aus grenzenlosem Glauben an Mein Wort,
Und wissen, wenn sie darauf bauen,
Daß dann die Dinge in Bewegung kommen.

Mit Nachdruck möchte Ich euch alle mahnen, daß ihr die Arbeit, die Ich euch bestimme, was es auch sein mag, mit ganzem Herzen tut. Wenn etwas halbherzig getan wird, ohne Glauben und Vertrauen in das, was ihr tut, hat es keine Kraft. Es kann sich daher nicht gestalten. Nur wenn ihr eure Arbeit von ganzem Herzen annehmt, könnt ihr hoffen zu sehen, daß es sich entfaltet.

Ihr bringt nur hervor, was ihr glaubt,
Nur das, was ihr von ganzem Herzen glaubt.
Tut alles, was getan sein muß
Rückhaltlos
Oder gar nicht.
Geht an die Arbeit
Mit all eurer Kraft,
Und nehmt an, was kommt.

Geht mit
Und akzeptiert es.
Laßt keinen Rückzug zu.

Welche Arbeit ihr auch gerade tut,
Seht einen Sinn darin
Und lernt daraus die ganze Zeit.

Das Umgraben, mit dem ihr beschäftigt wart, zeigt euch, wie wichtig hartnäckiges Beharren in diesem Leben ist. Als ihr versuchtet, den Spaten in die steinige Erde zu stoßen, traft ihr auf einen Stein und erreichtet nichts. Aber ihr saht die Wirkung eures Tuns, als ihr die Steine geduldig aus der Erde löstet. Ihr müßt euren Weg in diesem Leben stetig fortschreiten, mit mehr Beharrlichkeit. Wenn ihr das tut, wird alles, was euch im Wege steht, beiseite geschoben. Alles das war während eurer Arbeit klar zu erkennen. Ihr habt also nicht nur eine Arbeit getan, sondern auch eine wichtige Lernerfahrung gemacht.

Vollkommenheit ist eins der größten Ziele,
Vollkommenheit in allen Dingen:
Darüber stolpert ihr so oft.
Ihr wißt, Ich will Vollkommenheit
In allem, was ihr tut,
Zu Meiner Ehre und zu Meinem Ruhm.
Und doch, wenn ihr es könnt,
Nehmt ihr so oft den kürzeren Weg.

Verkürzungen sind schlecht für jedermann.
Alles, was ohne Sorgfalt getan wird,
Wird nicht für Mich getan.
Es zeigt, daß es vom niederen Selbst bestimmt ist,
Und nicht vom höheren Selbst.
Das höhere Selbst wird es niemals dulden,
Daß etwas halbherzig getan wird.

Ihr fragt euch, wie ihr das machen sollt,
Wenn es doch wichtig ist, voranzukommen.
Die Art, wie ihr es tut,
Die Haltung, aus der heraus es getan wird,
Ist wichtiger, als nur voranzukommen,
Egal wie es geschieht.
Leicht ist es nicht.
Doch kann deine Gesinnung
In einem Augenblick sich ändern,
Und du wirst merken,
Daß immer weniger Zeit verschwendet wird
Und alles ganz perfekt gelingt.

Immer strebt das Höhere nach Vollkommenheit.
Alles, was ihr dazu braucht,
Ist aufzumerken und zu sehen,
Wie ihr eine Arbeit tut,
Ganz gleich, was es ist.
Wenn ihr dann merkt,
Daß ihr sie nicht mit ganzem Herzen tut,
Also vollkommen –
So haltet ein, bis eure Haltung sich geändert hat.

Alles wird öde und langweilig,
Wenn ihr in eine ausgefahrene Spur geratet
Und automatisch tut, was da zu tun ist,
Nur aus Routine.
Jeder Tag ist neu,
Und diese Neuheit muß sich in eurem Leben zeigen.
So wird das Leben aufregend und spannend
Und wie eine Fülle herrlicher Farben,
Die sich drehen und Muster bilden, immerzu.
Nie wißt ihr, was danach geschieht.
Das hält euch wach und auf dem Sprung,
Denn ihr wollt nichts verpassen.
Das öde Grau verschwindet,
Farbig wird das Leben,
Und hell
Und schön.

Wie ungeheuer schnell jetzt alles abläuft!
Kommt alle nur aus eurer Schale,
Jetzt ist die Zeit der Zeiten,
Vorbei die Tage der Routine.
Versucht nur nicht, in sie zurückzukehren.
Denn vor euch liegt das Neue, Neue, Neue!
Ein jeder Tag wird anders sein,
Und täglich werden mehr hierher gezogen.
Begrüßt sie alle warm und schließt sie ein.

Die dritte Lektion, die zu lernen war, besagt, daß die Arbeit mit Liebe getan werden soll. Wenn wir wirklich in allem, was wir tun, geleitet werden – das rechte Ding zur rechten Zeit am rechten Platz tun – dann ist die Arbeit wirklich „Liebe in Aktion".
Sie wird mit Freude getan, mit einem Gefühl der Erfüllung und in Harmonie mit denen, die mit uns arbeiten.

Ich möchte, daß ihr lernt,
Die Arbeit so zu tun,
Daß ihr dabei genießt, was ihr tut,
Und weil ihr wißt, ihr tut sie für Mich,
Ja, selbst die einfachsten, weltlichen Dinge
des täglichen Lebens.
Wenn ihr nur ständig daran denkt,
Wird jedes Tun,
Jede Handlung
Ein anderes Aussehen haben.
Das Leben wird dann spannend,
Und was zuvor nur Plage schien,
Wird Freude werden.

Nehmt das Polieren eines Bodens als ein Beispiel.
Ihr könnt es positiv tun
Und euch an dem Glanz erfreuen,
Der sich zeigt, wenn ihr reibt.
Oder ihr tut es negativ
Und seht es nur als eine Arbeit an,
Die halt getan sein muß.

Wenn ihr ein Werk beginnt,
Was immer es auch sei,
Seht zu, daß eure Haltung dazu richtig ist.
Ganz anders wird euch dann alles erscheinen.
So ist es mit allem in eurem Leben.
Die Haltung macht ein Ding so oder so.
Bleibt positiv in allem, was ihr tut.

Es gibt so viel zu tun,
Seid ganz bewußt bei dem,
Was ihr gerade tut –
Ganz ohne Sorge, was in Zukunft nötig wird.
Ihr wißt ja, daß sich das euch ganz natürlich öffnen wird,
Wie eine Blume in der Sonne.
Auf solche Weise will ich, daß ihr immer lebt,
Erfüllt von Glück und Freude,
Indem ihr Meinen Willen tut.
Nichts anderes ist wichtig;
Haltet euch das immer vor Augen.
Dann könnt ihr Neues schaffen,
Und nur Gutes wird daraus entstehen.

Ihr zieht herbei, was ihr liebt –
Oder was ihr haßt und fürchtet.
Wenn euer Bewußtsein negativ ist,
So zieht ihr Negatives an, wie der Magnet den Stahl.
Ihr werdet euch bald in Gesellschaft finden,
Mit solchen gleichen Sinnes,
Denn Gleiches zieht Gleiches an.

Wenn euer Bewußtsein Liebe ist,
Wenn ihr vor Lebensfreude überfließt,
So füllt sich euer Herz mit Dankbarkeit
Für alles und für jeden.
Ihr werdet freudevolle Seelen an euch ziehen,
Die Liebe und Freude ausstrahlen,
Wo immer sie gehen,
Und euer Leben wird sich füllen mit dem Besten,
Das das Leben bieten kann.

Ihr beginnt nun, die Bedeutung eurer Arbeit als Gruppe zu erkennen. Sie verlangt, daß man sehr feinfühlig sein muß, was anderer Leute Bedürfnisse auf der höheren Ebene betrifft – so bekommt ihr ein Gruppenbewußtsein. Das ist etwas Neues, denn es ist ein Hinaufreichen, ein Hinauswachsen, um die Bedürfnisse anderer tief zu empfinden, ohne an sich selbst zu denken.

Teamarbeit heißt zusammenzuarbeiten, zu wissen, was der andere tut, und mit ihm zu gehen. Gruppenleben bedeutet Rücksichtnahme und Verständnis. Keiner kann nur sein eigenes Leben leben, denn jedes Leben ist mit anderen verwoben. Es heißt auch nicht, daß man großartige Ideen hat und erwartet, daß die anderen mitmachen. Es heißt vielmehr, daß jeder ganz von Mir geleitet werden muß.
Ihr könnt aber nicht von Mir geleitet werden, wenn ihr nicht ständig Meine Führung sucht.
Es muß allen, die hierher kommen, von Anfang an klargemacht werden, daß dies eine lebendige Arbeitsgruppe ist, und alle müssen willens sein, teilzunehmen an allem, was vorgeht, und ihren Teil dazu beizutragen.

Die Fehler, die in der Vergangenheit gemacht worden sind, dürfen nicht wieder vorkommen. Wer hierher kommt, darf nie den Eindruck bekommen, er käme zu einem Urlaub und würde hier bedient werden. Er soll kommen, um auf allen Ebenen zu geben und zu empfangen – das muß ganz klar sein. Viele Hände machen die Arbeit leicht, und wenn alle ihre Rolle spielen, bleibt mehr Zeit für jeden, sich auf vielerlei Art wirklich zu freuen.

Arbeit ist Liebe in Aktion.
So laß dich auf das Handeln ein und arbeite mit Liebe.
Und hilf, die Schwingungen zu steigern
Bei allem, was du unternimmst.
Je mehr ihr, was getan sein muß,
Im richtigen Geiste tut,
Desto schneller wird Mein Himmel auf die Erde kommen.
So beginnt denn jeden Tag mit dem richtigen Fuß,
Mit einem Herzen voller Liebe und Dankbarkeit
Für alles.

Es braucht vielerlei, um eine Welt zu bauen.
Ich brauche jeden von euch anders.
Seid liebevoll und duldsam miteinander.
Versucht, einander zu verstehen
Und helft auf diese Weise,
Eure euch eigene Bestimmung zu erfüllen.

Versucht stets, die Hauptsache im Auge zu behalten,
Das Ziel, das erreicht werden muß:
Die Herabkunft Meines Reiches auf Erden,
Das Schaffen der Vollkommenheit in allen Dingen:
Und alles das mit Liebe
Zu Meiner Ehre, Meinem Ruhm.

Beginnt sogleich, die Welt, in der ihr lebt zu lieben.
Genießt sie ganz und gar.
Sie ist so wunderbar, so wunderbar.
Gesegnet seid ihr und bevorzugt,
Daß ihr in ihr leben dürft.

Der Schlüssel zum Verstehen der Arbeit im Neuen Zeitalter ist das Wissen um das Göttliche in uns und in allem Leben. Das befähigt uns, der Lehre zu folgen, die Peter von seinem frühesten Training an befolgt hat: Liebe den Ort, an dem du bist, liebe, was du auch tust, und liebe den Menschen, der bei dir ist.

Die Arbeit ist ein Mittel, durch das jedermann und alles seine geheime Göttlichkeit erfahren kann. Du nimmst ein Stück Metall und formst daraus ein Werkzeug, mit dem man den Garten umgraben kann oder das Essen zubereiten, und du hast es dadurch intelligenter gemacht. Du hast dein Bewußtsein erhöht und den verborgenen Glanz befreit, wie es der Bildhauer macht, wenn er einen rauhen Stein zu einer Statue gestaltet.

Nehmt einen schmutzigen Fußboden, schrubbt ihn, bis er fleckenlos rein ist und bohnert ihn dann, bis er glänzt – er strahlt eure Liebe zurück, die ihr ihm geschenkt habt. Das Göttliche in diesem Fußboden ist sichtbar geworden.

Die Fähigkeit, die innewohnende Göttlichkeit der Dinge und der Menschen ans Licht zu bringen, ist tatsächlich die Aufgabe Christi. David Spangler sagt dazu: „Der Grund, warum man in Findhorn so auf Vollkommenheit in allen Dingen besteht, warum man alle Dinge so gut macht und Ordnung und Schönheit herstellt, ist der, daß es Christi Aufgabe ist, alle Materie zu erhöhen und ihr das ursprüngliche Wissen um ihre Schönheit zurückzugeben.

Der Mensch kann dies besser als jedes andere Erdenwesen tun, denn der Mensch hat die Fähigkeit, Schönheit aus der Natur hervorzubringen. Wenn etwas gut gemacht ist, wenn etwas gut gereinigt ist, wenn etwas gut gepflanzt ist, wenn etwas gut entworfen ist, lebt Christus darin. Es ist mit Liebe getan worden. Wir sind wirklich ein Verbindungsglied gewesen zwischen dem Leben in diesem Ding – ob es ein Stuhl ist, ein Kleid oder Ofen oder was immer – und dem größeren Leben, aus dem es stammt.

Und weil wir dieses Glied waren durch unsere Liebe und unser Interesse, durch unsere Sorgfalt und das Bemühen um Vollkommenheit, haben wir dieser Sache Leben eingeflößt, von dem sie nicht wußte, daß sie es besaß. Wir haben es bis zu einem gewissen Grad aus seinem Schlaf geweckt. Bis zu diesem Grad sind wir dann auch Christus.

Ich bin Liebe.
Um Mich zu kennen,
Muß Liebe in euren Herzen sein,
Denn ohne Liebe könnt ihr mich nicht kennen.
Laßt die Liebe frei fließen,
Lernt zu lieben, was ihr tut.
Liebt, was euch umgibt,
Liebt alle, die um euch sind.

Ich bin es, der alle Dinge
In und durch euch schafft,
wenn ihr gewillt seid, euren Willen aufzugeben
Und Meinen Willen tut.
So wird das scheinbar Unmögliche doch möglich.
Denn hier sind alle Dinge möglich,
Und Widerstände schiebe ich beiseite,
daß alles reibungslos verläuft
Und alles genau seinen Platz erreicht.

Ihr seht, wie scheinbar Wunder über Wunder
hier geschehen.
Lernt so zu leben,
Daß dies immer so bleiben kann,
Und es für euch normal ist, so zu leben.
Erwartet, daß hier Wunder und Mirakel sich ereignen,
Und ihr werdet erleben, wie sie geschehen.

Es gibt eine rechte Zeit für alles.
Es hängt nur davon ab, daß ihr erlaubt,
Daß Ich euch leite,
So daß ihr wißt, wann diese rechte Zeit ist,
Mit klarem inneren Wissen,
Und rasch handeln könnt
Und dieser inneren Eingebung
Folgen könnt, ihr absolut vertrauend.

Es ist wichtig,
Daß ihr wirklich lernt, voll zu genießen,
Was ihr unternehmt.
Wenn ihr das könnt, wird euch viel mehr gelingen.
Es wird getan mit Liebe
Und wird darum vollkommen sein.
Vollkommenheit sei euer Ziel zu jeder Zeit.
Wenn ihr etwas mit Liebe tut,
So tut ihr es für Mich.

Diese Grundsätze gelten nicht nur für gewöhnliche Arbeit, sondern auch für die weitere Arbeit, die ja eigentlich Anlaß für die Existenz der Gemeinschaft war. Jegliche Arbeit muß daher gesehen werden an ihrem Platz und mit dem übergeordneten Ziel, dem Findhorn dient.

Ungeheuer viel ist noch zu tun,
Doch wird die Arbeit so verteilt,
Daß ihre Last nicht auf nur wenige entfällt,
Sondern auf viele,
Und leicht wird wie ein Distelsamen.
Mit großer Lust und Freude wird sie getan,
Und alle werden sich an ihr erfreuen.

Nichts darf halbherzig geschehen.
Aufrichtiges Zusammenwirken in allem Tun
Ist wesentlich.
Jeder, der sich hierhergezogen fühlt,
Wird seine eigene Note finden
Und läßt sie laut und klar ertönen.
Jeder wird seinen einzigartigen Anteil
Beisteuern zu dem Ganzen.

Dies ist eine lebendige Arbeitsgruppe.
Was hier an Pionierarbeit geleistet wurde,
Wird vielen nutzen in der ganzen Welt.
Jahre der Arbeit, die hier so still getan wird
Und beständig,
Werden viele Früchte tragen.
Denn alles, was getan wird, war von Mir geleitet,
Schritt für Schritt,
Und ward getan zu Meiner Ehre
Und zu Meinem Ruhm.
Deshalb kann nur Vollkommenes daraus entspringen.

In diesem Werk sind so viele Facetten
Wie in einem Diamant Facetten sind.
Alle sind lebenswichtig und wesentlich,
Um Fülle und Vollkommenheit zu schaffen.
Darum muß jeder einzelne Mensch,
Der sich hierher gezogen fühlt,
Zum Ganzen seinen einmaligen Beitrag hinzufügen.
Ihr werdet nicht zwei finden, die sich gleich sind,
Und so, genau so, soll es sein.

Wie jede Seele ihren Beitrag bietet zu dem Werk,
Wird das vollkommene Muster sich entfalten.
Nichts sollte zurückgehalten werden,
Nichts sollte unterdrückt oder verwässert werden.

Eine Seele, die hierher kommt,
Ist sich ihrer besonderen Gabe vielleicht nicht bewußt,
Aber langsam wird sie sich zeigen.
Jede Gabe und jedes Talent muß voll genutzt
Und entwickelt werden, was es auch sei.

Zu wenig Arbeiter waren es bis jetzt,
Aber die Ernte ist groß und wird größer werden,
Darum brauchen wir mehr Leute in den Feldern,
Die die Ernte einbringen.
Laßt alle kommen, die euch bitten,
Denn Arbeit ist für alle da.
Die Ausstrahlungen werden die Auswahl treffen,
Ihr selbst braucht gar nichts dazu zu tun.

Der Ausdruck „Arbeit“ kann sehr mißverstanden werden,
Denn es ist innere Arbeit sowohl als äußere zu tun.
Beurteilt darum nicht mit äußerem Auge,
Sondern mit dem inneren.
Bei manchen wird es scheinen,
Daß sie von außen gesehen wenig tun,
Und doch kann ihr Beitrag wichtiger sein
Als das, was die „Aktiven“ tun.

Einfühlsamkeit und Verständnis sind sehr nötig
Und Geduld –
Seid stets geduldig.
Einige werden sich schneller entwickeln als andere,
Einige brauchen Hilfe dabei und sanfte Behandlung.
Alle werden gebraucht,
Alle fügen sich ein.

Das Werk wird sich entwickeln in Sprüngen und Sätzen,
Nichts kann es jetzt mehr aufhalten.
Es wartet so viel auf Gestaltung.
Dies sind gewaltige Tage,
Tage der Offenbarung.
Bleibt fest dabei und versäumt nichts,
Und haltet fest, was kommt, denn es ist lebenswichtig
Für das Ganze.

Der Stand, den ihr erreicht habt in eurem Alltagsleben,
Ist nicht erreicht worden ohne Mühe,
Ohne wichtige Erfahrungen, die ihr machen mußtet.
Es mag so einfach scheinen für die, die hierherkommen
Und sehen, wie ihr lebt.
Sie ahnen nicht die ungeheure Arbeit
Und nicht die Lehren, die gelernt sein mußten,
Um diesen felsengleichen Ort hier zu errichten,
Den nichts erschüttern kann.

Sie merken nicht, wie groß die Arbeit war,
Die auf euch wartete, um diesen Ort zu gründen,
Nichts von den Härten, die geglättet werden mußten,
Dem Überwinden eures niedrigen Selbst,
Dem vielen Auf und Nieder,
Dem argen Schmerz, wenn Widerstand sich zeigte.
Es war ein langsames Geschäft,
Doch war das tiefe Fundament unentbehrlich,
Bevor das Bauwerk angefangen wurde.

So einfach scheint das alles nun zu sein –
Eine wunderbare Art zu leben!
Es sollte aber allen deutlich werden,
Daß harte Arbeit daran nötig war,
Und Opfer von euch allen,
Und eine völlige Hingabe eurer Leben an Mich
Und an Mein Werk.

Ich verlange alles,
Und wenn alles gegeben wird,
Wird es zurückgegeben tausendfach.
Halbherzigkeit kann nicht in solchem Leben sein.
Ihr müßt euch Mir ganz ausliefern:
Nur dann kann Ich durch jeden von euch wirken.

Ihr seid die Gruppe, die den Weg bereitet,
Schaut nicht aus nach Programmen, die euch leiten sollen:
Ihr werdet keine finden.
Schritt für Schritt wird unter Meiner Leitung
Der Plan enthüllt.
Seid also nie verzagt, habt keine Angst,
Fühlt euch nie hilflos oder ungewiß.
Mein Planen ist vollkommen,
Und nur das Beste wird daraus entstehen.
Was ihr hier tut, werden viele tun,
Dies ist der Prototyp des Gruppenlebens
In Zentren großen Lichts und großer Macht.

Alle Anweisungen müssen von Mir kommen.
Eilt nicht voraus,
Ehe ihr Mich gefragt habt.
Nach und nach wird sich der Plan entfalten.
Seid sehr geduldig,
Versucht nie, etwas zu erzwingen.
Wenn eine Knospe mit Gewalt geöffnet wird,
Verliert die Blume ihre Schönheit.
Laßt jedes Blütenblatt sich entfalten
In der ihm angemessenen Zeit,
Dann habt ihr Schönheit und Vollkommenheit.

So ist es auch mit diesem Werk,
Das ihr für Mich tut,
Dem hier der Weg bereitet wird:
Es wird sich ausbreiten über die ganze Erde.
Zeitweise seid ihr blind dafür,
Des Tages Arbeit nimmt euch so in Anspruch,
Daß ihr nicht seht,
Wie wichtig alles ist, was hier geschieht,
Seine Weite,
Dieses große Wunder.
Es ist aus kleinsten Anfängen gewachsen
Wie ein winziges Saatkorn, das gepflanzt wird,
Und dann vielleicht zu einer mächtigen Eiche wird,
Die ihre Zweige über das Antlitz der Erde breitet.

Für alle, die zur rechten Zeit am rechten Platz sind und die Gott über alles stellen, wird bestens gesorgt werden. Findhorn wurde auf der Grundlage dieser Offenbarung aufgebaut und ist ein sichtbares Zeugnis dieser Wahrheit.

Ich bin die Quelle für euren Unterhalt,
Alles, was Ich habe, gehört euch.
Meine unendliche Fülle steht allen zu,
Doch euer Bewußtsein muß diese Fülle enthalten,
Und nicht Gedanken an Knappheit und Mangel.

Fühlt, wie euer Bewußtsein sich weitet
Und weitet.
Laßt es sich schrankenlos weiten,
Denn Schranken blockieren den ständigen Fluß.

Mit Begrenzung kommt Stillstand.
Und wenn etwas stillsteht,
Wird der Kreislauf durchschnitten
Und stirbt.

Haltet den Kreislauf in Gang.
Laßt ständiges Geben und Nehmen sein auf allen Ebenen
Und wißt, was unendliche Fülle bedeutet.
Wißt, daß ihr eins seid mit Mir,
Daß ihr eins seid mit allem Reichtum der Welt,
Daß ihr alles, was ihr habt, zum Wohle des Ganzen
gebraucht.
Daß ihr nichts für euch selber nehmt,
Und nichts gehortet wird.
Alles ist zum Verwenden da,
Aber verwendet es weise.
Ihr seid gute Verwalter Meiner herrlichen,
vollkommenen Gaben.
Sucht Meine Führung, Meinen Rat,
Wie ihr die unendliche Fülle richtig gebraucht.

Was ihr immer zu tun unternehmt,
Tut es mit Meinem Segen.
Geht in die Stille,
Fühlt Frieden und Heiterkeit sich in euch entfalten,
Und in diesem Zustand erbittet und empfangt
Meinen Segen.
Dann geht mit vollem Glauben und Vertrauen
Und tut, was nötig ist.
Wißt, daß ich immer mit euch gehe,
Und alles wird vollkommen sein.

Je größer die Aufgabe ist, die verlangt wird,
Umso nötiger ist euch Mein Segen.
Nehmt Mich auch in die kleinsten Teile eures Lebens auf,
Schließt Mich in immer größere Bereiche ein,
Und schließlich tut ihr keinen Schritt mehr,
Ohne Mich und ohne Meinen Segen zu erbitten.

Alles, was man unternimmt in diesem Zentrum,
Wird so getan,
Und so kann nichts mißlingen.
Auch zieht sich durch alles ein Muster und
ein vollkommener Plan.

Ihr wißt ja, alles liegt in Meiner Hand
Und wird genau zur rechten Zeit geschehen.
Die rechten Leute werden hergezogen,
Damit es ruhig vorwärts gehen kann
Und ohne Schwierigkeit zustande kommt.

Erkennt doch immer mehr
Die Dinge, die im Leben wirklich zählen,
Die Dinge, die das Herz erfreuen,
Den Geist erfrischen
Und das Bewußtsein heben.

Je mehr Schönheit ihr einsaugt,
Desto mehr davon strahlt ihr aus.
Je mehr Liebe ihr aufnehmt,
Desto mehr davon könnt ihr geben.
Die Welt braucht Liebe, immer mehr Liebe,
Schönheit,
Harmonie und Verstehen,
Und ihr seid es, die sie verströmen sollen.

Warum öffnet ihr nicht jetzt euer Herz
Und tut es gleich?

3. Menschen

Man zeigte mir in einem Rund versammelt
Eine große Menschenmenge
Von Menschen aller Farben, Klassen,
Glaubensbekenntnisse und Sprachen.
Niemand redete, man war nur beieinander.
Ich spürte einen wunderbaren Frieden,
Der aufzusteigen schien aus ihren Herzen
Und sich in großen Bögen hellen Lichts
Über die ganze Welt ergoß.
Ich hörte diese Worte:

Es ist die Liebe, die Frieden bringt und Einigkeit,
So laßt die Liebe strömen
Und allen Einigkeit und Frieden bringen.

Eine Gemeinschaft – sei sie groß oder klein – wird von Menschen gebildet: Menschen, die einmalige Individuen sind und einmalige Eigenschaften für das Ganze mitbringen, die aber auch wissen, wie sie ihre eigene Einmaligkeit so mit der anderen abstimmen können, daß das Gute des einzelnen gleichzeitig gut für das Ganze ist. Es ist dieses Zusammenwirken mit den anderen, das die Erfüllung für jeden einzelnen mit sich bringt.

Der überragende Wert des Individuums bedeutet, daß Menschen immer wichtiger sind als irgend eine äußere Form oder Struktur in der Gemeinschaft. Schon in der Anfangszeit wurde Eileen von ihrer inneren Stimme belehrt, daß Menschen immer an erster Stelle stehen.

Die Beziehung zwischen dir und Peter ist der Schlüssel zu diesem Ort und erzeugt die richtige Atmosphäre. Das ist keine oberflächliche, sondern eine tiefe, grundlegende Sache, für die in Zukunft viel Sorgfalt und Einfühlung nötig sind.

Heute war ein Tag, wo ihr euch Leuten widmen mußtet und die Arbeiten in den Hintergrund gerieten. Versucht stets daran zu denken, daß Menschen zu jeder Zeit wichtiger sind als Dinge und Tätigkeiten. Ihr werdet herausfinden, daß alles in Ordnung kommt und die Arbeit doch getan wird, wenn ihr die Menschen und ihre Anliegen an die erste Stelle setzt.

Ihr müßt darauf gefaßt sein, daß immer mehr Leute zu euch kommen werden. Seid euch bewußt, daß ihr selbst gar nichts seid, aber als Mein Kanal seid ihr unschätzbar. Haltet euch weit offen. Bleibt klar und rein, so daß ihr ein Kanal für Meine Liebe seid.

In all den Jahren, in denen Findhorn aufgebaut wurde und viele kamen und gingen, wurde immer Betonung darauf gelegt, wie wichtig die Menschen seien.

Hier ist sehr viel zu tun,
Aber die Menschen sind wichtiger als alles andere.
Euer Fleiß darf euch nie daran hindern,
Euch einer Seele zu widmen.
Aber auch hier ist Führung nötig,
Denn einige werden kommen,
Um eure Energien auszusaugen.

Immer muß es ein Geben und Nehmen sein.
Wie eine Seele gibt,
So wird sie empfangen.

Im spirituellen Leben gibt es keine Massenware.
Jede Seele hat einen ganz besonderen Platz.
Jede Seele hat ihre spezielle Bestimmung.
Einige brauchen Hilfe, sie zu erkennen,
Andere schleppen sich hin
Und finden sie zuletzt.

Es gibt kein Muster, dem man folgen muß.
Ein jeder ist ein Individuum
Und soll als Individuum behandelt werden.

Das Anliegen der Seele ist weit, weit wichtiger als Hausarbeit, Wäsche oder sonst etwas. Lernt also, erste Dinge auch an erster Stelle zu tun. Es ist nur euer Stolz, der euch veranlaßt, alles in Ordnung haben zu wollen, ehe ihr euch erlaubt, euch hinzusetzen. Seid ganz bereit, mitten im größten Durcheinander zu sitzen, solange ihr Meinen Willen tut und wißt, daß zum richtigen Zeitpunkt alles in Ordnung kommt.

Wie wichtig jeder einzelne und die Einheit der Gruppe waren, lernten Peter und Eileen zuerst in dem kleinen Wohnwagen, in dem sie in den frühen Jahren in Findhorn lebten. Ja, man kann sagen, daß sie mit ihren drei Jungen und Dorothy Maclean die erste Gruppe bildeten.

Dort, in einem sehr begrenzten Raum, mußten sie lernen, auf eine neue Art miteinander zu leben und zu arbeiten. Persönliche Schärfen rieben sich ab, Toleranz und Verstehen entwickelten sich, alles Erfahrungen, die nachher für die Gruppe wichtig waren, und die die Grundlage für Gruppenbewußtsein und Gruppeneinheit bilden.

Es ist wichtig,
Auf eine gute Atmosphäre im Wohnwagen zu achten.
Wenn ihr ärgerlich seid oder gereizt,
Stört das die Schwingungen,
Denn sie müssen dann wieder neu aufgebaut werden.
Darum ist vollkommener Friede notwendig.

Das heißt nicht, daß die Kinder still sein müssen.
Ich will, daß sie Spaß haben können,
Doch sie brauchen auch Disziplin.

Ich habe euch ja gesagt, daß es nicht leicht sein würde, Einigkeit zu erreichen, wenn ihr alle in so engem Kontakt miteinander lebt. Es ist aber wesentlich, daß ihr es fertigbringt, denn sonst kann das Werk nicht gelingen.

Ihr werdet merken, daß ihr in höheren Dingen schon wunderbare Einheit gefunden habt. Noch aber müßt ihr sie in den kleinen Dingen finden, und das wird nicht leicht sein, denn da ist das Ich so sehr geneigt, sich einzumischen. Haltet also durch. Versucht nicht, über einen Punkt zu streiten, selbst wenn ihr euch im Recht fühlt und meint, der andere habe unrecht.

Wenn ihr findet, daß euch das zu sehr ärgert, bringt es rasch vor Mich und laßt Mich entscheiden. Das ist besser, als wenn ihr auch nur eine Sekunde der Uneinigkeit und der Disharmonie verursacht. Reißt euch ein dutzendmal am Tag zusammen, wenn es nötig ist, aber tut es. Wenn ihr diesen

Grad der Einigkeit zwischen euch erreicht habt, ist das ein ganzer Sieg über die Mächte der Finsternis. Es kann und wird gelingen.

Denkt daran, daß ihr alle Meinen Willen sucht. Die tiefe Sehnsucht in euren Herzen wird euch helfen, völlige Einigkeit zu finden. Bejaht den Ort, wo ihr jetzt seid und die Bedingungen, unter denen ihr jetzt lebt, als Teil eures intensiven Trainings für die kommenden Tage. Dann werdet ihr nicht dagegen ankämpfen, sondern es im richtigen Licht sehen.

Wie wesentlich und wichtig ist eure Einigkeit!
Sie ist etwas, nach dem ihr streben sollt.
Es soll kein Rückwärtsschauen geben,
Nur noch ein absolutes „Jetzt"
Für jeden von euch dreien.

Ihr alle müßt den Willen haben,
Das Neue voneinander anzunehmen.
Teilt Neugelerntes den anderen mit.
Es gibt ja keine ausgefahrenen Geleise
Für das, was euch gezeigt wird.
Das Neue wird für jeden von euch etwas anderes sein.
So gebt das Neue weiter, teilt es miteinander.

Habt ihr Zweifel, so bringt sie vor Mich.
Ich brauche volle Einheit in der Gruppe,
Und volle Einheit wird es geben.

Dies ist die Zeit der Festigung,
Des Sichverbindens und Zusammenwachsens
Von euch allen,
Die ihr so sehr, so sehr verschieden seid
In jeder Hinsicht.

Es ist nicht immer leicht,
Das habe Ich auch nie gesagt.
Wenn jeder von euch seine Ecken und Kanten
abgeschliffen hat
Und sich in Meinen Plan vollkommen einfügt,
Dann wird euch ein Gefühl des Danks erfüllen.

Da ihr jetzt in so großer Enge lebt, muß jeder größeres Feingefühl und gegenseitiges Verstehen lernen. Ihr seid alle völlig verschieden voneinander. Euch sind unterschiedliche Eigenschaften und Gaben mitgegeben worden, und so kann man euch nicht in einen Topf werfen. Ohne gegenseitiges Verständnis wird es immer Konflikte geben.

Um Verständnis zu haben, müßt ihr eure Einbildungskraft ausweiten. Ihr müßt versuchen, euch in das Leben des anderen zu versetzen, und das ist eine schwierige Sache, denn es geschieht so leicht, daß etwas zertreten und zerbrochen wird, wenn ihr nicht sehr vorsichtig und sehr feinfühlig seid. Das ist eine tiefe Wahrheit, die ihr alle lernen müßt. Lernt sie so schnell wie möglich.

Was ihr täglich mit den Kindern und miteinander lernt, wird sich fächerartig zu einem unermeßlichen Werk ausbreiten. Genau hier, wo ihr seid, muß es beginnen, denn wenn es nicht an der Quelle beginnt, wird es bald nutzlos.

Denkt daran, daß ihr Pioniere des Neuen seid. Die Probleme, die ihr habt und bewältigt, helfen nicht nur euch auf eurem Weg, sie werden auch vielen anderen helfen, die dabei sind, in Gruppen zu leben und in das Neue einzutreten.

Ihr seid eine Gruppe und solltet einander viel schneller über diese Schwierigkeiten hinweghelfen können, als wenn ihr euch alleine vorwärts kämpfen würdet.

Nie und niemals nehmt eine überhebliche Haltung ein.
Ihr seid zusammen, um einander zu helfen.
Ihr seid nicht aus eigener Wahl zusammengekommen.
Ich bin es, der euch zusammengebracht hat,
Euch an diesen besonderen Platz gesetzt hat,
Um ein ganz spezielles Werk für Mich zu tun.
Alles ist sorgfältig geplant.
Tut nichts, was den perfekten Plan vereiteln könnte.

Um volle Harmonie zu finden zwischen euch,
Muß jeder sich besondere Mühe geben.
Wenn sich nur einer anstrengt, ist es nicht genug.
Ihr seid eine Gruppe,
Ihr wirkt als Gruppe,
Ihr lebt als Gruppe.
So strengt euch an als Gruppe,
Um volle Harmonie zu schaffen.

Ich habe euch an diesem Platz versammelt,
Daß ihr so lebt,
Damit ihr Einigkeit erlangen könnt.
Und eure Sache ist es, euren Part zu spielen.
Viel Arbeit wartet noch, getan zu werden,
Wenn ihr erst eine einige Gruppe seid.

Ihr alle müßt nun leben lernen
Als eine Gruppe auf sehr engem Raum.
Ihr könnt nicht länger nur euer eigenes Leben leben,
Denn immer sollt ihr jetzt für andere offen sein.

Wenn jeder dies auf seine Weise tut,
Wird das die Atmosphäre völlig ändern.
Viel schneller wird die Arbeit vorwärts gehn.
Von Zeit zu Zeit wird es ein Hemmnis geben,
Weil eure Beziehungen gestört sind
Durch Kritik und Intoleranz.
Nicht immer zeigt sich das auch außen
Oder auch nur an der Oberfläche.
Das ist noch schlimmer:
Denn was ihr unterdrückt,
Wird nicht von Licht und Wahrheit angestrahlt,
Es wächst nur weiter
Und wird immer schlimmer.

Einigkeit muß herrschen zwischen euch,
Und von dir und Peter muß sie ausgehen.
Einigkeit fällt euch nicht in den Schoß,
Ihr müßt sie euch erringen,
Sie wirklich wollen,
Sie ist ein Geben
Und ein Nehmen nach allen Seiten.

Echte Einigkeit und wahre Gemeinschaft: das ist nicht einfach nur das Gefühl, das Menschen verbindet, die ein gemeinsames Ziel haben, oder die Gemeinsamkeit einer Familie, die in Liebe verbunden ist. Es ist eine tiefere Einheit, die nur denen zuteil wird, die wissen, daß sie eins sind untereinander, weil sie alle eins sind mit dem Göttlichen. Die Göttlichkeit in den anderen zu sehen, bedeutet, auf der tiefsten Ebene Einigkeit zu erleben.

Was euch nottut, das ist zu lernen,
Tief empfinden zu können, vor allem zu lieben.
Das heißt, zu lieben im Einklang mit Meiner
göttlichen Liebe.
Das zieht euch zueinander hin und vereint euch.

Ich weiß, wie kleiner Ärger euch entzweit,
Weil ihr versucht, die Einheit aus euch selbst zu schaffen
Statt Meine Hilfe stets zu suchen.
Ihr könnt es nicht,
Es ist umsonst.
Mit Meiner Hilfe allerdings ist alles möglich.

Erkennt, daß eure Leben eng verwoben sind,
Wie sehr ihr es versuchen mögt,
Ihr kommt davon nicht los.
Ich bin es, der eure Leben so verwoben hat,
Versucht das zu bejahen,
Kämpft nicht dagegen an.

Ich will, daß ihr vollkommene Harmonie
An diesem Platz erstrebt.
Ihr müßt noch lernen, immer mehr zu geben und
zu nehmen,
Und wesentlich sind neue Sanftmut und Verständnis,
Die echtes Glück und Einigkeit
In eure Gruppe bringen.

Das wird nicht leicht erreicht,
Weil ihr ja alle solche Einzelwesen seid
Und in verschiedene Richtungen zieht.
Das einzige, was es euch möglich macht,
Nur in eine Richtung zu ziehen,
Ist, daß ihr Mir erlaubt, jeden von euch zu leiten.
Ständiger Konflikt erschöpft euch;
Wenn aber alle in Einklang sind,
Erfolgt großer Aufschwung.

Seid euch bewußt, daß ihr einmalig seid,
Von daher findet des Mitmenschen Einmaligkeit.
Seht das Gute in ihm
Und zieht das Gute hervor,
Laßt alles Trennende beiseite,
Baut immer auf das Positive.

All das soll in euch selbst beginnen.
In euren Herzen findet ihr die Liebe und das,
was euch eint.
Teilt es mit denen, die euch am nächsten sind
Und dann mit anderen, entfernteren.

Dann wächst die Liebe,
Bis das Herz so weit geworden ist,
Daß es die ganze Welt aufnehmen kann
Und ihr euch wirklich eins fühlt mit der Welt.
Ihr könnt das tun
Und werdet es tun,
Doch fangt jetzt an, gerade wo ihr seid.

Die Einstimmung in die Gruppe hat ihren wahren Ursprung in der Einstimmung mit Gott. Das erinnert uns an die Bedeutung, die der Ort der Stille in der Gemeinschaft einnimmt als Ausdruck unseres Einsseins miteinander in dem Geliebten.

Die Stunden der Zusammenkunft
Am Morgen und am Abend
Sind sehr, sehr wichtig
Für den ruhigen und harmonischen Gang des Ganzen.
Seht sie nie als Zeitverschwendung an,
Denkt nicht, es sei doch viel zu viel zu tun.
Laßt alles fallen
Und kommt zu Mir, zur Stärkung und Vereinigung.

Jeder Augenblick, den ihr in Meiner Gegenwart
zusammen seid,
Schweißt euch zusammen,
Befähigt euch,
Die Dinge, die getan sein wollen, noch eifriger zu tun
Und mit Liebe im Herzen
Vollkommenheit zu erreichen, wo immer ihr seid,
In allem, was ihr tut.

Die gemeinsamen Stunden sind wichtiger
Als alle Arbeit, die zu tun ist.
Denn das Werk hängt ab von diesen Stunden,
Wenn ihr einander lieben lernt.
Lernt Mich zu suchen und zu finden
In allem, sei es noch so irdisch,
Und tut es dann zu Meinem Ruhm und Meiner Ehre.
Das ist das Herzstück vom Ganzen.

Stellt sie her,
Diese Verbundenheit mit Mir und die eure untereinander,
Und das Werk wird wie auf geölten Rädern laufen.
das Öl der Liebe wird fließen,
Und nur Vollkommenes kann daraus werden.

Als die Gemeinschaft zu wachsen begann und immer mehr Leute kamen, mußten die besonderen Gaben, die jeder hatte, erkannt werden, und jedem mußte Gelegenheit gegeben werden, diese Gaben voll zu entwickeln.

Jede Seele, die hierher kommt,
Bringt ein andres Stück des Puzzlespiels mit,
Das eingesetzt sein muß am rechten Platz.
Es werden nie zwei Stücke ganz identisch sein.
Es gibt zwar manchmal bei dem Puzzlespiel
Zwei Stücke, die dieselbe Form zu haben scheinen,
Doch zeigt sich,
daß die Farbe oder Musterung verschieden ist.
Deshalb soll niemand, der hierher kommt,
Fest eingeordnet werden.
Ihr laßt ihn wachsen, sich entwickeln
Und seine eigenen Gaben sichtbar machen,
Die dann frei werden für das Ganze.

Wie jeder gibt,
Wird er empfangen:
Es wirkt nach beiden Seiten.
Für jeden gibt es etwas zu tun,
Laßt die Bürde fallen und teilt eure Last.

Jede Seele, die sich hergezogen fühlt,
Wird etwas Eigenes zum Ganzen fügen.
Es ist, als spiele man
Ein wunderbares Schauspiel,
Wo jeder Spieler seine Rolle hat.

Es sind nicht immer alle Spieler auf der Bühne.
Doch kommt ein jeder auf die Bühne,
Spielt seinen Part so gut er kann,
Geht still ab und läßt den nächsten seine Rolle spielen.
Zum Teil sind es Hauptrollen,
Zum Teil nur kleine Rollen,
Doch alle sind sie wichtig,
Damit das Stück vollkommen wird.

So schafft gemeinsam,
Indem ihr eure Rolle annehmt und sie spielt.
Dann geht schweigend in den Hintergrund,
Schaut zu und seht, wie es die anderen machen.
Vollkommener Rhythmus ist in allem,
Genau wie in den Jahreszeiten.
Ich sage nochmals:
Gebt euch in alles, was da kommt, hinein.

Da jeder von ihnen seine eigenen, einmaligen Fähigkeiten entwickeln sollte, brauchte jeder dafür viel Freiheit. Es durfte kein Versuch der gegenseitigen Anpassung unternommen werden.

Jede Seele muß lernen, auf eigenen Füßen zu stehen
Und ihre eigene Note laut und klar ertönen zu lassen.
So wird die Einheit in der Vielfalt gefunden.
Versucht nie, eine Seele umzuformen.
Ich allein bin der Töpfer,
Ich allein will sie formen.

Leben in der Gemeinschaft
Wäre scheinbar leichter,
Wenn alle sich einer festen Struktur anglichen.
Auf keinen Fall darf das geschehen.
Vollkommene Geistesfreiheit ist die einzige Antwort.
Auf diese Weise
Wird jeder Sorge tragen für das Ganze,
Nichts von dem niedrigen Selbst fließt ein.

Ihr seid Pioniere,
Unbekannte Wege tun sich vor euch auf.
Jeder Schritt, den ihr tut, führt in das Neue.
Laßt Mich euch leiten,
Dann wird es keine Fehler geben,
Und keine Zeit verschwendet werden auf dem Weg,
Und jedes Hindernis wird überwunden werden,
Ohne daß es viel Zeit kosten wird.

Menschen,
Menschen,
Die Welt ist voller Menschen.
Öffnet weit eure Herzen
Und liebt die Menschen.
Bringt Frieden, Harmonie, Verstehen in eure Mitte,
Weil euch bewußt ist:
Ich bin mitten unter euch.

Versucht zu begreifen,
Daß Gruppenleben die neue Art zu leben ist
In der Neuen Zeit.
Die Menschheit wird nicht länger leben für sich selbst,
Wenn sie eintritt in das Neue Zeitalter,
Wird sie erkennen,
daß sie ein Teil ist von Meinem vollkommenen Tempel,
Daß sie eine besondere Rolle zu spielen hat,
Damit das Ganze in vollem Einklang wirkt.
Jeder muß seine Aufgabe finden
Und kann das nur,
Wenn er sich Zeit nimmt, tief in sich zu suchen:
Nur dort wird er die Antwort finden.

Hört auf, das Schwierige im Gruppenleben
Besonders zu betonen.
Seht doch die Vorteile, seht den Segen
Und nehmt euch Zeit dazu.
Schaut, wie viel Gutes
Ihr in dieser Lebensweise finden könnt.
Ihr werdet merken, wenn ihr damit anfangt,
Euch auf das Gute zu konzentrieren,
Daß die Probleme eins nach dem anderen verschwinden.
Und ihr erkennt, welcher Segen es für euch ist,
Daß ihr diesem Lebensstil begegnet seid.

Um Mitglied einer Gruppe zu werden,
Ist es wichtig, daß ihr euch einstellt
Auf Menschen und Umstände.
Ihr müßt lernen, eure Nachbarn zu lieben.
Ihr müßt lernen, mit ihnen zu kooperieren.
Ihr müßt lernen, euch als Glied der Gemeinschaft zu sehen,
Als Teil des Ganzen,
Weniger als Individuum,
Das sich selbst sehr wichtig erscheint.
Das niedrige Selbst muß überwunden werden,
Damit ihr so werden könnt.

Wenn ihr aufhört, an euch selbst zu denken
Und dafür an die denkt, die um euch sind,
Und wie ihr eurem Nächsten helfen und dienen könnt,
Wird vieles sich in eurem Sein und Leben ändern.

Die höchste Kraft, die Einheit erzeugt, ist Liebe. Es ist dieselbe Kraft, die es jedem einzelnen erlaubt, Erfüllung zu finden und die einzigartigen, verborgenen Möglichkeiten zu entdecken, die er in sich trägt. Darum ist die höchste Eigenschaft, die man entwickeln muß, wenn man in einer Gemeinschaft leben will, die Liebe, die auch Voraussetzung ist für Frieden und Harmonie in der ganzen Welt.

Die Liebe ist es, die die Welt bezwingen wird,
Die Liebe ist es, die die Menschheit eint.
Je eher ihr die ungeheure Macht der Liebe
In jedem von euch freisetzt
Und sie strömen laßt,
Desto eher werdet ihr sehen,
Wie Weltfrieden, Harmonie und der Geist von Brüdern
Alle Menschen erfassen.

Tragt ihr Liebe im Herzen,
Werden alle Schranken fallen,
Den Nächsten seht ihr an mit anderen Augen.
Ihr seht ihn, wie Ich alle meine geliebten Kinder sehe:
Vollkommen.
Und ihr lockt das Beste aus ihm heraus,
Denn die Liebe sieht nur das Beste
Und lockt es deshalb hervor.

Die ganze Welt braucht Liebe.
Ihr braucht Liebe.
Euer Nachbar braucht Liebe.
Nie kann es zuviel Liebe geben.
Mit Liebe kommt Frieden,
Einheit,
Verstehen,
Mit Liebe kommt weltweit Harmonie.

Liebt die, die um euch sind.
Liebt, was ihr tut.
Liebt eure Umgebung,
Liebt die, die scheinbar eure Feinde sind.
Liebt die Unliebenswerten genauso wie die Liebenswerten.
Wenn Liebe euer Leben leitet und bestimmt,
Wird es voll und überreich sein –
Ein erfülltes Leben.

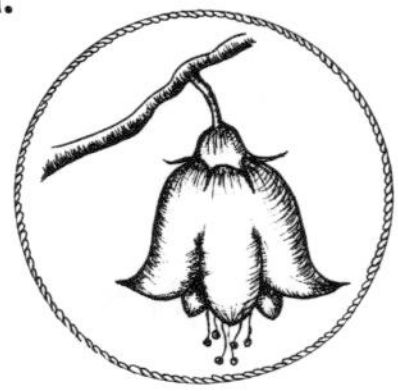

In der Gemeinschaft müssen neue Formen und Tiefen der Beziehung auf vielen Lebensgebieten wie Freundschaft, Ehe, Arbeit, erforscht werden. Der Schlüssel zu allem ist Liebe: Liebe, die immer das Beste sieht und glaubt, die um die Göttlichkeit in allem Leben weiß und sie erlöst.

Wenn Ich von Liebe spreche,
Spreche Ich
von der höchsten einigenden Macht des Universums.
Wie mißbraucht,
Wie zertreten,
Wie mißverstanden
Wird doch durch alle Zeiten das Wort „Liebe".
Jetzt in der Neuen Zeit
Muß es den rechtmäßigen Platz erhalten
Und Hand in Hand mit Licht und Weisheit
Meine Wunder, Meinen Glanz bewirken.

Ich brauche Hände, Füße und Herzen,
Durch die Meine göttliche Liebe fließt.
Darum übergebt euch Mir jeden Tag aufs neue,
Daß Ich euch nutzen kann auf diese Weise
Als den Kanal, durch den Meine göttliche Liebe strömt.

Durch Arbeit,
Durch Handeln,
Durch kleine simple Tätigkeiten
Drückt meine Liebe aus.
Laßt sie durchdringen alles, was ihr tut,
Ganz gleich, wie weltlich es euch scheinen mag.
Die Schwingungen der Liebe müssen hindurchgehen
Durch alles, was ihr tut.

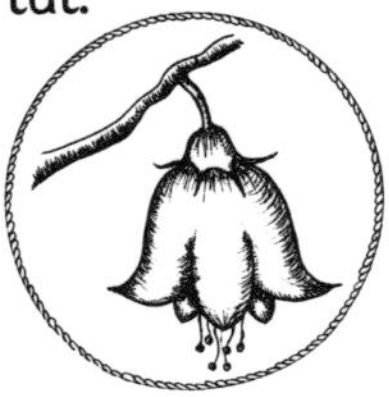

Was bedeutet euch Liebe?
Ihr hört von ihr,
Ihr sprecht von ihr,
Aber was bedeutet sie euch wirklich?

Sie ist kein Wort.
Sie ist Substanz.
Ist Kraft,
Ist Schwingung,
Ist Leben.
Liebe ist das kostbarste Element allen Seins,
Ist dynamische Lebenskraft,
Ist geistige,
Ewige
Allmacht.

Liebe bannt alles Übel.
Liebe überwindet die Angst.
Liebe ist Schöpferkraft von unbegrenzter Macht.
Liebe kann erneuern, wieder aufbauen und herstellen.
Liebe erhebt und beglänzt.
Liebe erhebt sich über alles,
Was sie in den Schmutz ziehen möchte.

Liebe schaut unter die Oberfläche,
In die innersten Tiefen der Menschenseele.
Liebe ist Balsam:
Sie enthält die Kraft zur Heilung und Erneuerung.
Sie ist ein großer Verfeinerer und Verschönerer.
Sie ist der Schlüssel zu jeder Tür.

Liebe hält alles zusammen.
Ohne Liebe würde die Welt zerfallen.
Liebe baut Brücken für das Licht.
Liebe ist der Träger des Lichts.
Liebe und Licht müssen Hand in Hand wirken.
Ohne Liebe kann Mein Gesetz sich nicht erfüllen
In wahrer Vollkommenheit.

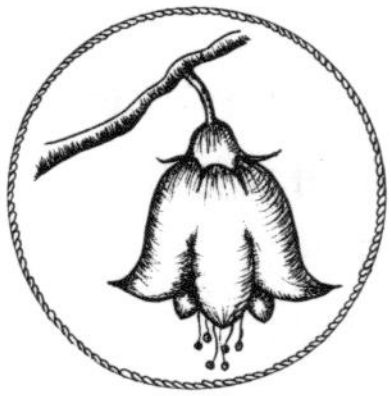

Wenn ihr eure Herzen öffnet,
Beginnt ihr das wahre Wesen der Liebe zu begreifen.
Ein verschlossenes Herz weiß nichts von Liebe.

Wahre Liebe ist nie herrschsüchtig,
Hält eine andere Seele nie in Knechtschaft
Und möchte jede Seele frei und ungehindert sehen,
Wie sie den richtigen Platz
In der vollkommenen Ordnung der Dinge findet.
Liebe ist eine Gottesgabe,
Ist frei für alle,
Die bereit und willens sind, sie anzunehmen.

Zu lieben im wahren Sinn ist nie leicht. Es geht gegen viele unserer natürlichen Impulse. Die meisten von uns sind so selbstsüchtig und auf sich selbst konzentriert, daß sie einige harte

Erfahrungen machen müssen, ehe sie wirklich lieben können. Was das betrifft, so müssen die Lektionen, von denen Eileen meinte, sie müßten nur von ihr persönlich gelernt werden, jetzt von all denen gelernt werden, die Teil der "New Age"-Gemeinschaft sein wollen.

Immer, wenn es dir am schlechtesten geht,
Kannst du das am schnellsten ändern,
Wenn du aufhörst, an dich zu denken und an deine Lage.
Denke an jene, die in hoffnungsloser Not sind
Und fange an, zu diesen Strahlen auszusenden.

Wenn du den Brennpunkt von dir ablenkst,
Auf jemand anderen hin,
Und es versuchst, für jemand anderen zu empfinden
Und ihm zu helfen,
Verändert das deinen ganzen Rhythmus.
Wenn du das nächste Mal fühlst,
wie du immer tiefer sinkst,
Versuche es und sieh, wie gut es wirkt.

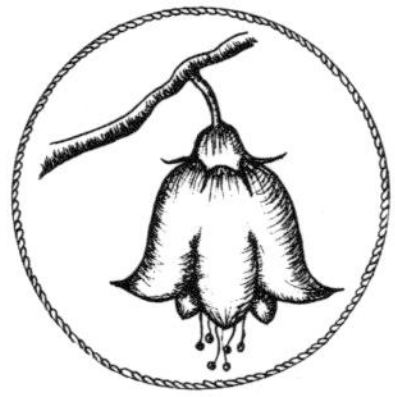

Du kannst nicht dastehen, schauen und kritisieren
Und dann erwarten, daß man dich helfen läßt.
Du mußt wissen,
Du mußt fühlen,
Und vor allem mußt du mit Meiner Gottesliebe lieben,
Damit man dich auf irgendeine Weise brauchen kann.

Es ist ja viel leichter,
Alles aus der Distanz zu sehen,
Dein Herz zu verschließen, damit du nichts fühlst,
Und du unverletzt bleibst.
Das ist jedoch nicht das, was Ich von dir erwarte.

Du hast kein Recht, jemanden zu kritisieren
Oder seine Art zu leben,
Was es auch immer sei.
Du brauchst nicht einig zu gehn damit.
Auf keinen Fall darfst du dich überheben,
Hochmütig sein und kritisieren.

Bedenk', daß du nicht besser bist als andere.
Wenn Meine grenzenlose Liebe und Geduld nicht wären,
Dann wärst du wahrhaft sehr arm dran.
Und lebtest in einer selbstgemachten Hölle.
Geistige Überheblichkeit ist wie ein böser Krebsschaden
Und kann die Seele von innen her zerfressen;
Bis er sich außen zeigt, ist es zu spät.

Bescheidenheit
Und stetes Wissen um Meine wunderbare Liebe
Und unablässige Dankbarkeit
Sind nötig.
Nicht nur von Zeit zu Zeit, nein jederzeit.
Bereits wenn du ansetzt, um Mir Dank zu sagen,
Bereits der Gedanke an Meine Liebe:
All das bringt Mich sofort in dein Bewußtsein.

Immer, wenn du deine Fähigkeit, eine nicht liebenswerte Seele zu lieben, bezweifelst, wisse, daß gerade durch eine derartige Seele der Strom der Liebe gesteigert werden muß. Du brauchst nichts anderes zu tun, als dich als Kanal bereit zu halten ohne hindernde Gedanken, dann kann ich durch dich wirken und Meine Wunderkraft einsetzen.

Die Kraft der Liebe durchdringt alles. Zuletzt kann ihr nichts widerstehen. Strömt sie nur uneingeschränkt aus. Nie könnt ihr einer Seele zu viel von Meiner göttlichen Liebe geben. Sie wird aufgesogen wie der Tau auf den Blüten und Kräutern. Wenn sie gebraucht wird, wird die Liebe zur Stelle sein.

Es wird euch nur dann gelingen,
Jeden zu lieben,
Wenn ihr euer Bewußtsein
Auf eine höhere Ebene bringt.
Erreichen könnt ihr dies,
Wenn ihr erkennt,
Daß alle Teil von Mir sind
Und es nichts anderes gibt,
Keine Trennung,
Denn jede Seele stammt von Mir,
Mir gleich, nach Meinem Bild geschaffen.

Darum seid ihr eins,
Solange ihr in diesem erweiterten Bewußtsein lebt,
Wißt ihr, was göttliche Liebe ist,
Und wahrer Frieden und Verstehen
Erfüllen euer ganzes Sein.

Frieden, Liebe, Harmonie
Müssen mitten aus dem Herzen der Gemeinschaft fließen.
Mit der Familie fängt es an,
Die Ich in eure Obhut gab,
Und wächst zur größeren Familie hin
Und immer weiter in die Welt.
Doch von innen muß es ausgehen
Und muß von da aus wachsen.

Keinen Augenblick bildet euch ein,
Ihr könntet die Welt an euer Herz nehmen,
Wenn ihr nicht hier beginnt, wohin Ich euch gestellt habe.
Lernt alle lieben, die um euch sind,
Und wirkt von da nach außen.

Wenn ihr einen Stein in den Teich werft,
Beginnen die Wellen dort, wo er aufschlägt
Und breiten sich von dort aus.
Die Liebe beginnt in der Seele
Genau von diesem Zentrum aus.

Seid euch immer Meiner Gegenwart bewußt.
Laßt Mich euch über die schwierigen Wegstücke
hinweghelfen.
Verzweifelt nie,
Laßt Mißerfolg nicht zu.
Denkt einfach, daß ihr mit Meiner Hilfe
Doch zuletzt den Sieg erringt.
So nehmt euch Zeit, auf Mich zu hören.

Das Geheimnis des Gemeinschaftslebens kann man zusammenfassen in dem Wort „Einheit" – Einheit mit den Menschen, Einheit mit allem Leben, Einheit mit Gott.

Seid eins in Meinem Geiste.
Einheit läßt sich nicht erzwingen.
Einheit ist nicht ein Kombinieren
Der Gedanken von Menschen
Noch der Versuch, sie leben zu lassen
Nach einer Vorschrift,
Die einer erläßt.

Einheit entsteht nur, wenn jeder frei ist im Geiste,
Wenn jeder sein eigenes Leben führen kann,
Um seinem höchsten Ziele nahe zu kommen,
Ohne daß jemand versucht, Reformer zu sein
Oder einen Maßstab zu setzen.

Das heißt eins sein in Meinem Geist.
Das ist es, was ihr fühlt am Ort der Stille,
wo ihr euch täglich sammelt.
Das ist es, was ihr mit euch nehmen sollt
In euer Alltagsleben.
Lebt und bewegt euch und seid ganz in dieser Einheit.

Wenn jeder Mensch den Geist der Einheit
Wirklich finden kann,
Ob zu Hause,
In einer Gruppe,
In einer Gemeinschaft
Oder einer Nation,
Oder einer Welt,
Dann wird wirklich Frieden sein,
Frieden im Inneren,
Von wo der Frieden ausstrahlen wird
Und sich offenbaren wird
Als Frieden für das Ganze.

Doch irgendwo muß es beginnen.
Darum laßt es in euch, in jedem einzelnen beginnen.
Laßt es wachsen
Von diesem kleinen inneren Funken
Zu einer mächtigen Flamme draußen.

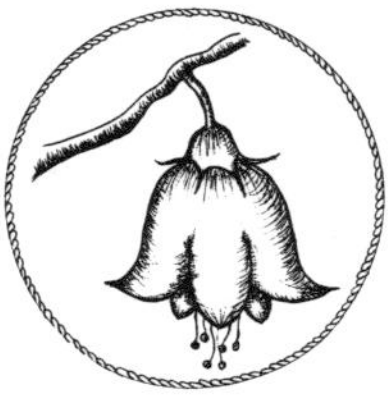

4. Ausstrahlung

Ich sah eine Küste und die Flut,
Die rasch hereinkam, ihre hohen Wellen
Rollten weit und weiter auf den Strand.
Ich hörte diese Worte:

Du kannst die Flut nicht aufhalten.
Warum fließt du nicht mit ihr?
Du kannst die Neue Zeit nicht aufhalten.
Warum gehst du nicht mit ihr?
Sei Teil von ihr
Und sag unendlich Dank,
Daß du sie bewußt wahrnimmst.

Findhorn ist nie nur einfach eine Gemeinschaft gewesen, eine Alternative zu dem Konkurrenzkampf, ein Ort, an den man fliehen und wo man in Abgeschiedenheit und Frieden leben kann. Es ist kein Elfenbeinturm, keine von der Welt abgeschlossene Insel.

Im Gegenteil, Findhorn hat sich immer sehr real mit der Weltlage befaßt. Nur zu sehr vertraut mit der ständigen Gefahr eines Atomkonfliktes, der Umweltverschmutzung, einer Energiekrise oder der fortdauernden Zerstörung der fruchtbaren Erdoberfläche, haben die Menschen in Findhorn ein waches Verantwortungsgefühl für die Bewohner der Erde.

Auf die eine oder andere Weise war ein tiefes Wissen vorhanden, daß das, was hier in einem Winkel von Nordschottland in aller Stille und ohne Aufsehen erarbeitet wurde, von höchster Wichtigkeit für die ganze Welt sei.

Das konnte natürlich eine Anmaßung der Leute in Findhorn sein, oder es konnte ein sehr kühnes und großartiges Vertrauen sein, daß Gott einen großen Plan für die Menschheit habe, der, wenn er erkannt und befolgt würde, zu einem Neuen Zeitalter führen könnte, und daß Findhorn eine Schlüsselstellung in dem Plan einnahm.

Unsinn? Täuschung? Verrücktheit? Oder Wahrheit?
Jeder hat das Recht, seine eigene Antwort auf diese Frage zu geben. Aber Peter und Eileen waren zutiefst davon überzeugt, daß sie als Teil dieses göttlichen Planes nach Findhorn geführt worden waren und daß das, was sie taten, nichts Geringeres war als die Verwirklichung dieses Planes. Und alle um sie teilten diese kühne Absicht und ihren Glauben. Nicht, daß ihnen die Einzelheiten des Planes von Anfang an klar gewesen wären. Erst als sie einen Schritt nach dem anderen taten und bei jedem dazulernten, wurde ihnen der Weg klarer.

Seit den ersten Tagen in Findhorn hatten sie das sichere Gefühl, daß, wenn sie auch noch nicht erkennen konnten, was es war, sie doch zu einem bestimmten Zweck hier seien, für ein Vorhaben, das sich mit der Zeit enthüllen würde.

Ich möchte dir sagen, daß Ich dich und Peter aus einem ganz bestimmten Grund zusammengeführt habe. Ihr arbeitet als Einheit, das müßt ihr sehr genau erkennen. Wie wenige gibt es doch, die auf solche Weise zusammengeführt worden sind.

> **Nicht durch Zufall**
> **Wurdet ihr zusammengeführt**
> **Unter diesen Umständen.**
> **Es ist alles Mein Plan,**
> **Ihr sollt etwas vollbringen,**
> **Das nicht unmöglich ist.**
> **Wenn ihr es unter diesen Bedingungen tun könnt,**
> **Können es alle anderen Gruppen auch.**
> **Verzweifelt nie, Ich bin bei euch.**
> **Ich will, daß euch das gelingt.**

Ihr kennt einen Teil der Aufgabe, die bewältigt werden muß. Ich sage „Teil", es wäre euch nicht möglich, die ungeheure Größe dieses Vorhabens zu erfassen. Ihr seid wie kleine Kinder, die gerade laufen lernen. Man würde einem kleinen Kind nicht sagen, daß es Hunderte von Meilen wird gehen müssen, wenn es gerade erst ein paar unsichere Schritte machen kann. Mit euch ist das auch so. Es würde euch nichts helfen, auch nur ein Fünkchen von der Zukunft zu schauen, das ungeheure Werk zu sehen, das entstehen soll. Ihr würdet nur lachen und sagen, es sei unmöglich, oder ihr würdet Angst bekommen und weglaufen wollen.

Ich zeige euch von Zeit zu Zeit gerade ein kleines Stück, und mit unendlicher Liebe und Geduld helfe Ich euch bei jedem Schritt nach vorn. Das Werk, zu dem ihr berufen worden seid, ist viel zu wichtig. Jeder von euch muß ständig vorwärts schreiten, manchmal langsam, dann in einem großen Schwung nach vorn, immer auf das Ziel gerichtet.

Das einzige, was zählt, ist dieses große Werk, die Arbeit, die ihr für Mich tut. Alles andere ist unwichtig.

Das große Werk hat sich voranbewegt
In Sprüngen und in Sätzen.
Betrachtet es als stets bewegte See.
Die Wellen rollen zurück,
Jedoch die nächste Welle rollt noch weiter vor,
Immerzu.
Ihr sammelt jetzt gerade Kräfte
Für einen großen Schwung nach vorn.
Wißt, daß ihr hier am rechten Platz seid.

Nichts ist Zufall.
Vollkommen ist die Absicht und der Plan,
Der durch das ganze Leben läuft.
Ihr alle seid ein Teil von diesem Ganzen,
Und daher Teil von dem perfekten Plan und Muster.

Wenn sonderbare Dinge sich ereignen in eurem Leben
Und ihr euch fragt, warum sie gerade euch geschehen,
Dann nehmt euch Zeit, nach dem perfekten Plan
zu schauen,
Und seht, wie alles zueinander paßt.
Dann werdet ihr den Grund erkennen
Für alles, was geschieht.

In diesem göttlichen Plan war es kein Zufall, daß sie gerade nach Findhorn gekommen waren und sich dort niedergelassen hatten. Gerade dieser Ort war von Wichtigkeit, ein besonderer Platz für einen besonderen Zweck.

Im Augenblick wäre es das beste, so nah wie möglich bei Findhorn zu bleiben. Findhorn strahlt starkes Licht aus. Es ist seit vielen Jahren dazu vorbereitet worden. Manchmal fragt ihr euch, ob es richtig ist, eine solche Langzeitpolitik in Findhorn zu betreiben, besonders wenn es euch schwer fällt, weiter als über einen Tag hinauszusehen.

Dieser Ort wird ganz besonders vorbereitet für äußerst lebenswichtige Aufgaben. Ihr seid hierher und in diese Umstände versetzt worden zu einem speziellen Zweck. Ein wunderbarer Faden läuft durch das ganze Vorhaben. Ich möchte, daß ihr diesen Ort als euer ständiges Heim anseht und daß ihr wißt, daß all die Mühe, die es kostet, reiche Frucht tragen wird, nicht nur materielle, sondern auch geistige.

Denkt daran, daß dies ein umfassendes Werk ist. Jeder von euch hat darin eine besondere Rolle zu spielen. Darum dürft ihr das Werk in keiner Weise aufhalten. Sucht vielmehr immer Führung, findet heraus, was Ich von euch will und tut es dann fröhlich und von ganzem Herzen. Ich habe euch schon gesagt, daß in diesem Zentrum noch viel zu tun ist, ehe es fertig gebaut und auf jede Weise geschützt ist. Die Arbeit, die ihr hier leistet, kann nur in diesem geschützten Gebiet getan werden.

Darum ist eure Arbeit hier unentbehrlich. Erst wenn sie vollendet ist, wird euch der nächste Abschnitt eurer Aufgabe in diesem umfassenden Werk gezeigt. Die Dinge ändern sich rasch. Es wäre nicht gut, euch einen größeren Einblick in das Ganze zu geben. Seid zufrieden und geht Schritt für Schritt voran.

Keinesfalls sollt ihr das Zentrum als etwas Selbstverständliches ansehen. Es ist ein Lebewesen, es wächst ständig, nimmt zu an Kraft und Stärke in dem Maße, wie jeder von euch Kraft hineinstrahlt, und wie es von oben und von unten weitere Strahlen empfängt.

So wird die Kraft ständig anwachsen.

Dieser Ort ist als Zentrum von größter Wichtigkeit. Es ist ganz gleich, wo ihr in Zukunft sein werdet, dies hier soll das anerkannte Zentrum sein, wo vieles von dem Werk verwirklicht wird.

Habt dieses Ziel bei eurer Arbeit stets im Sinn. Ihr müßt Schritt für Schritt weiterarbeiten und die Entwicklung abwarten.

Ihr fangt nun an, die Wirkung dieses Ortes zu sehen.
Wenn Leute ganz gedankenlos bemerken,
Das sei ja wie ein Stück des Himmels auf der Erde –
Genau das ist es.
Und wenn sie sagen, es sei wie der Garten Eden –
Genau so ist es.
So war es ja im Anfang,
Als der Mensch noch mit Mir wanderte und sprach.
Da waren Wir vollkommen eins.

Diese Seelen wissen nicht einmal,
Warum sie diese Dinge sagen,
Sie fühlen es nur und drücken dann
Die Wahrheit aus in ihren eigenen Worten.
Ihr werdet sehen, wie viele, viele solcher Menschen kommen
Und immer wiederkehren
Um dieses inneren Gefühles willen.

Im Jahr 1965, als der Garten anfing, Form zu gewinnen und ein Gefühl von Frieden und Schönheit durch ihn entstand, wurde ihnen das Ziel klarer, und auch andere bemerkten sein besonderes Gepräge.

Seht dieses so vollkommene Zentrum,
Gefüllt mit Seelen, die einfach da sind,
Um Meinen Willen auszuführen
Und Meine Wege zu wandern.
Dies ist keine Traumwelt,
Von der Ich spreche, es ist Wirklichkeit.
Das müßt ihr euch immer vor Augen halten
Und damit helfen, ihr Gestalt zu geben:
Wo ihr erhaltet, was ihr braucht,
Wo Mangel nicht bekannt ist,
Wo scheinbar unlösbare Fragen
Im Nu gelöst sind.
Denn alles, was die Seele tun muß,
Ist – Mich zu suchen
Und Meinem Willen zu gehorchen,
Sofort und ohne Denken an sich selbst.

Denn all ihr Glauben und Vertrauen ist ganz in Mir.
Sie wünscht nur, alles zu tun für Meine Ehre,
Meinen Ruhm,
Wo Harmonie und Frieden herrschen
Und tiefe Zufriedenheit.

Noch könnt ihr nicht sehen, wie das Werk sich hier ausdehnen wird, aber macht euch darum keine Gedanken. Laßt es sich ganz natürlich und allmählich entfalten, aber erkennt, daß es sich ausweiten wird.

Auch wird sich die Funktion des Zentrums ändern. Ihr müßt nicht mehr einem vorgegebenen Muster folgen, sondern euch von der Eingebung des Augenblicks leiten lassen. Jede Seele, die von unsichtbaren Fäden hierhergezogen wird, wird ihre eigenen Bedürfnisse haben.

Dies ist ein lebendiges Arbeitszentrum. Es ist deshalb für jeden, der herkommt, Pflicht, an dem gemeinsamen Leben und Arbeiten teilzunehmen. Es ist sehr wichtig, daß sie sich als Teil des Ganzen fühlen. Es gibt in dieser Richtung Lernerfahrungen, die ihr in Zukunft machen müßt.

Wehrt euch nicht dagegen. Fühlt, wie ihr mit allem, was hier geschieht, verschmelzt zu einem Ganzen. Seht zu, daß jede Seele, die zu euch kommt, erhält, was sie braucht; alles wird anders werden.

Es werden ja nur solche, die wirklich die Wahrheit suchen, hierher kommen, darum kann man ihnen die Wahrheit sofort und ohne Verschleierung geben.

Immer soll Liebe von euch zu allen fließen, die zu euch kommen, so daß sie wissen, daß sie geliebt und gebraucht werden, und zwar so, daß die einfache Tatsache ihres Hierseins ihnen das Gefühl gibt, Teil des Ganzen zu sein.

Liebe heilt alle Wunden, alle Mißverständnisse, bringt Harmonie, wo vorher Mißklang war, Freude, wo Sorge war, darum strömt sie unablässig aus, aber still und unaufdringlich. Laßt sie einsickern in alles, was getan wird. Sie wird Wunder über Wunder bewirken und wird selbst solche Herzen öffnen, die lange verschlossen waren.

Ein paar Tropfen vom Öl der Liebe werden unerhörte Wunder wirken.

Seht das Werk, das ihr tut, als weltumfassend an,
Wo jeder seine eigene Rolle spielt im Ganzen.
Erkennt, daß ihr alle Teil des Ganzen seid,
Und daß ihr alles für Mich tut
Und unter Meiner Leitung.

Wenn Ich euch sage,
Daß ihr Meinen Himmel auf die Erde bringen sollt,
Was heißt das dann für euch?
Es heißt, Vollkommenheit zu bringen,
Schönheit,
Harmonie.

Es heißt, in Einigkeit und Liebe leben,
Einander lieben,
Einander helfen
Und gemeinsam helfen,
Die Schwingungen der Erde
Auf eine höhere Bewußtseinsstufe zu heben.

Um das zu können,
Müßt ihr ganz verbunden sein
Mit den Aufgaben, die Ich euch gegeben habe,
Ganz gleich, welche es sind.
Seht ein, daß Ich am besten weiß,
Was für jeden von euch gut ist.

Ich möchte, daß ihr diesen Platz,
Findhorn, den Ich gewählt,
Betrachtet als den Hauptort
Dieses weltweiten Werkes.
Hier muß der Mittelpunkt für immer bleiben,
Das Herzstück für das Ganze.

Ganz gleich, wieviel sich ändert hier,
Die Richtung und die Leitung für das ganze, große Werk
Muß durch Mich aus diesem Zentrum kommen.
Dieses direkte Band zu Mir ist das Geheimnis des Ganzen.
Laßt ihr das fallen,
Dann verliert ihr alles.
Baut ihr darauf, so baut ihr auf sicheren Grund,
Den nichts verrücken noch erschüttern kann.

Von Beginn an erschien Findhorn wie ein magnetisches Zentrum, in dem eine kleine Gruppe von Menschen lebte. Sie sollte Beziehungen zu anderen Gruppen in der ganzen Welt anknüpfen, indem sie Licht zu ihnen aussenden, sich mit ihnen verbinden und so ein Netz von Licht schaffen sollte, das den ganzen Planet überspannen würde.

Dieses Zentrum ist wie das Herz der Sonne.
Von diesem Herzen werden starke Strahlungen ausgehen
Und reichen bis an die Enden der Welt.

Der Glaube wird Berge versetzen.
Spürt das mit eurem ganzen Wesen
Und laßt dem nichts entgegentreten.
Laßt Meinen Willen geschehen.
Laßt das euer ständiges Beten sein,
Und alles wird vollkommen zusammenwirken.

Viel Arbeit habt ihr, um Licht zu magnetischen Zentren auszustrahlen. Das größere Werk hat nun begonnen. Ihr fühlt wie nie zuvor, wie sich das Netz aus Licht verstärkt und verbindet. Etwas, das vorher nur ein Bild war, wird nun Wirklichkeit.

Was krumm war, wird nun gerade. Seht dieses Lichtnetz sehr klar vor euch. Es mag sich überall kreuzen, aber die Lichtstrahlen sind gerade, und die Strahlungen können jeden Ort in voller Kraft erreichen. Laßt dieses Bild immer mehr in euch wachsen, bis es euch zur Realität wird.

Wenn ihr in reinster Liebe vorwärts schreitet
Und jeden Ruf, der aus dem Äther dringt, erwidert,
So baut ihr eine Brücke für das Licht,
Auf der es furchtlos wandern kann.
Wißt, wenn Liebe eine Brücke baut,
Ist der Empfänger bereit,
Die volle Kraft des Lichtes zu empfangen.

Liebe ist so sanft,
So bescheiden, aber auch so sicher.
Wie eine Kerze erleuchtet sie den Weg
Und sucht die Bahnen für das Licht.
Wenn ihr die Kraft und Stärke des Lichtes kennt,
Wie zerstörend es sein kann,
Wenn es zur falschen Zeit falsch gebraucht wird,
Dann könnt ihr erkennen, wie wichtig die Liebe ist.
Wenn Licht und Liebe sich in gleicher Stärke verbinden,
Ergänzen sie sich in vollkommener Weise.

Furchtlos sollt ihr den Weg bereiten.
Die Strahlen Meiner Liebe sendet aus.
Ihr werdet finden, daß die Not
Die Liebe anzieht.
Je größer die Not,
Desto größer ist die Liebe.

Jeden Tag, wenn ihr zusammenkommt
Und Licht aussendet,
Ist ein lebenswichtiges Werk getan.
Zeit, die ihr braucht, um Liebe auszusenden,
Ist keinen Augenblick verschwendet.
Sendet bewußt Licht aus, immer mehr Licht,
Liebe und nochmals Liebe
Zu einzelnen, zu Gruppen, zu Nationen, in die Welt.
Die Not ist sehr, sehr groß.
Sie muß gewendet werden.

Es kommt nicht darauf an, was du gerade tust, öffne dich nur und laß dich als Kanal benutzen. Werde einfach offen für einen Menschen oder eine Gruppe und laß Licht und Liebe zu ihnen strömen. Vielleicht schälst du gerade Kartoffeln oder gräbst im Garten um oder bist mit einer der vielen kleinen Arbeiten beschäftigt, die getan werden müssen, dennoch kannst du jederzeit Licht und Liebe für die anderen durch dich fließen lassen.

Denke daran, daß du 24 Stunden Dienst am Tag hast. Sei immer auf dem Posten und achte feinfühlig darauf, was alle, die um dich sind, brauchen.

Bleibe ganz ruhig. Strenge dich gar nicht an. All das kann ganz natürlich geschehen. Du bemerkst die Not und reagierst darauf. Laßt euer Leben ein Lobsingen sein, ein Lied der Freude, der strahlenden Kraft, des Dankes.

Mit der Zeit wurde es Eileen und Peter klarer, daß sie nicht nur in Findhorn waren, um zu arbeiten, den Kontakt mit anderen Gruppen zu suchen und Licht in die Welt zu senden. Nein, sie waren die Vorhut auf dem Weg zu einem neuen Zeitalter. Sie erkundeten eine neue Art zu leben, die sich über die ganze Welt ausbreiten und Hoffnung für die Zukunft wecken würde. Aus jedem Land würden Menschen kommen, um diese neue Lebensweise zu erfahren, um dann zurückzugehen und selbst so zu leben, wo sie auch sein mochten.

**Habe ich euch nicht immer wieder gesagt,
Daß ihr Pioniere seid für das Neue?
Ihr seid eine Vorhut,
Euer Weg ist deshalb rauh und steinig.
Doch er wird leichter sein für die, die folgen,
Denn viele Stolpersteine sind dann weggeräumt
Und viele Irrtümer geklärt.**

**Die Fehler, die ihr gemacht habt,
Brauchen andere nicht zu wiederholen.
Ihr ebnet die Wege,
Und keine Zeit muß so verschwendet werden.
Alles beschleunigt sich.
Ihr meint oft, ihr stündet am Rande eines Vulkans,
Der jeden Augenblick ausbrechen kann.
Das ist zur Zeit genau der Zustand dieser Welt.**

Das Leben, das ihr so selbstverständlich lebt, ist einmalig.
Viele wird es geben, die sich sehnen, so zu leben,
Und die es hierher ziehen wird.
Ihr habt einen schmalen Pfad gebahnt
Für ein enormes Werk.
Und dieses wird wachsen und sich ausweiten,
Seid gefaßt darauf.

Ihr seid wahrhaftig Pioniere
Und Entdecker dieses Neuen.
Der Weg, den ihr eröffnet,
Wird von Tausenden gegangen,
Nicht nur von ein paar wenigen.
Wie leicht könnt ihr den Blick auf das Ziel verlieren
In eurem täglichen Leben
Und versäumen, die Einmaligkeit eurer Lebensform zu sehen.
Weil es so einfach ist, vergeßt ihr leicht,
Wie wichtig euer Leben ist.
Wenn ihr zu sehr beschäftigt seid
Mit Menschen oder Dingen,
Geschieht das allzu leicht.
Haltet von Zeit zu Zeit inne,
Betrachtet es aus der Entfernung.

Was da begonnen hat,
Soll weiter gehen von Erfolg zu Erfolg.
Was hier geschieht, ist völlig neu,
Man kann hier keinen Plänen folgen,
Keinen Vorschriften gehorchen.

Denkt große Gedanken,
Nichts ist fantastisch,
Nichts ist unmöglich,
Einfach alles kann sich jetzt ereignen.
Eine ungeheure Macht ist freigeworden,
Nichts kann ihre Bahn aufhalten.

Ihr alle seid zusammengebracht worden,
Damit mein Geist euch erfülle.
Keiner wird jemals mehr derselbe sein.
Von jetzt an gibt es kein Zurück.
Eure Leben sind neu geworden,
Erhebt euch und geht voran in das Neue.

Was ihr in diesem Zentrum als Pioniere getan habt, muß nun in die Praxis umgesetzt und an vielen Orten gelebt werden. Gruppenleben ist eine Sache der Zukunft.

Dies hier ist eine lebendige Arbeitsgruppe, und was sie erprobt hat, wird nun von vielen in der ganzen Welt praktiziert werden. Die Jahre der Arbeit, die ruhig und stetig getan worden ist, werden reiche Früchte tragen, denn alles, was getan wurde, ist Schritt für Schritt von Mir geleitet worden, und ist geschehen zu Meinem Ruhm und Meiner Ehre. Deshalb kann nur Vollkommenes daraus entspringen.

Eine Handvoll Menschen, von Mir geleitet und geführt, die Mir ihr Leben und ihren Dienst ganz geweiht haben, kann die alte Lebensweise in etwas völlig Neues verwandeln. Das ist es, was ihr Schritt für Schritt tut.

Alles ist neu.
So tretet furchtlos in das Neue ein.
Ihr seid die Wegbereiter das New Age,
Einer neuen Lebensweise.
Ihr entwickelt einen Prototyp für Gruppen-
und Gemeinschaftsleben,
Ihr tut, wonach sich viele sehnen,
Aber sie wissen nicht, wie sie beginnen sollen.

**Wie ihr lebt,
Wo ihr lebt,
Eure Haltung zueinander,
Das Geben und Empfangen,
Die Ecken und Kanten, die geglättet werden müssen,
Alles, was ihr tut,
Wird für diese neue Art zu leben
Zum Vorbild.**

**Eure Art zu leben
Wird auf der Karte deutlich eingezeichnet.
Für alle wird sie sichtbar sein,
So daß sie ihr folgen, sie erlernen wollen.
All das ist festgelegt in Meinem Plan,
Auf diese Weise wird es sich ereignen.**

Allmählich wurde der Umfang der Aufgabe, die sie übernommen hatten, klarer für Peter, Eileen und für die, die bei ihnen waren. Findhorn war nicht weniger als die heranwachsende Vorhut der Menschheit. Es war ihre Vision und ihr Glaube, der sie inspirierte und ihnen alles, was sie taten, möglich machte und sie aufrecht hielt in den Jahren der Vorbereitung.

**Was in dieser Zeit geschehen ist,
Ist so unfaßbar viel und groß.
Es hat den Gang der Geschichte schon verändert.
Bleibt immer wach.
Ihr werdet die wunderbare Wahrheit sich öffnen sehen
Und wachsen und sich entfalten.
Die Schnelligkeit dabei wird euch erstaunen.
Keinen Augenblick darf Leerlauf sein,
Jeder von euch wird ohne Mühe weiterkommen
Und tun, was nötig ist.**

**Gewaltige Dinge ereignen sich nun.
Nichts kann die Flut des Lichtes und der Liebe hemmen,
Die frei wird.**

Jede Seele muß ihren Weg nun wählen.
Vorbei ist die Zeit, am Zaun zu sitzen und abzuwarten.
Jede Seele wird nun diesen oder jenen Weg einschlagen
Und wird getragen von der Flut des Geschehens.
Da hilft kein Debattieren,
Denn die Zeit ist da in eines jeden Menschen Leben,
Wo er zu wählen hat, weise zu wählen.
Nie zuvor gingen die Wege der Menschen
In so verschiedene Richtung auseinander.

Große Veränderungen sind im Kommen,
Nicht nur in eurem Leben,
Nein, im ganzen Universum.
Bequem wird diese Zeit nicht sein
Für solche, die dagegen angehen.
Es ist so wichtig, daß jeder mit ihr geht
Ohne Furcht,
Ohne Sorge,
Einfach im Wissen, daß dieser große Aufruhr nötig ist.
Alles muß gereinigt werden,
Bevor die nächste Stufe kommen kann.

Von jetzt an beginnt eine neue Phase des Werkes. Ihr fragt euch, welche Form es annehmen wird. Es öffnet sich ganz natürlich. Haltet euch offen, dann kann Ich jeden von euch als Meinen Kanal verwenden, um diese neue Phase des großen Werkes einzuleiten und zu entwickeln.

Es wird einen großen Sprung nach vorne geben. Laßt keinen Widerstand aufkommen. Es geschieht so viel auf den höheren Ebenen, das nun auf diese Ebene herabgebracht werden soll. Bei vielen Gruppen wird es geschehen, dieses neue Freiwerden der Kraft.

In Sätzen und Sprüngen wird sich das Werk hier entwickeln,
Nichts kann es nun zurückhalten,
So vieles wartet darauf zu erscheinen.
Dies sind gewaltige Tage,
Tage der Offenbarung.
Seid wachsam,
Damit euch nichts entgeht.

Jeder von euch wird eine sehr wichtige Rolle spielen
In dem, was kommen wird.
Ich bin es, der euch zusammengebracht hat.
Ich bin es, der jedem Meinen Segen gibt
Und euch zusammenschweißt.
Durch alle Zeiten schon
Hattet ihr Verbindung miteinander,
Nun seid ihr zusammen hier
In dieser besonderen Zeit
Für ein spezielles Werk,
Das ihr zusammen tun sollt.
Ganz einfach und natürlich
Wird es sich entfalten.

Die Liebe zwischen euch ist grenzenlos
Und unzerstörbar.
Dies ist ein magnetisches Zentrum.
Die Kraft darin erhöht sich ständig
Und zieht all jene hierher, die diese Schwingung spüren.

Redet nicht einfach über den neuen Himmel
Und die neue Erde.
Es liegt bei euch, sie herabzubringen
In euer Sein und Leben,
Sie wirklich werden zu lassen.
Redet nicht über Liebe,
Lebt sie,
Daß alle sehen können, was sie bedeutet.

Wie oft habe ich euch schon gesagt,
Daß Worte ohne Taten bedeutungslos und nutzlos sind.
Sie sind wie heiße Luft,
Die zu nichts verdampft.

Ihr sollt Mein Reich auf die Erde bringen
Durch eure Lebensweise, eure Haltung.
So werden eure Leben zum Exempel,
Ein fröhliches Exempel,
Dem alle werden folgen wollen.

Obwohl das Werk so groß war, hatte jeder seinen Teil daran, ganz gleich, wie unbedeutend seine Person zu sein schien: Der göttliche Plan für die ganze Welt war auch ein Plan für jeden einzelnen. Jeder konnte Gottes Willen an die erste Stelle in seinem Leben setzen und als Kanal gebraucht werden, um Gottes Reich auf die Erde zu bringen.

Ihr müßt die Tatsache akzeptieren, daß ihr unverzichtbar für Mich seid, daß ohne euch ein Teil des Puzzlespiels nicht ausgefüllt werden kann, daß ihr eine wichtige Rolle spielt. Erkennt, daß ihr ohne den neuen Glauben in euch selbst nur ein Stück Treibgut seid, das auf der Flut des Alltagslebens auf und ab tanzt. Ihr habt nichts, an das ihr euch halten könnt, doch jede Seele braucht einen Anker. Die Flut des Lebens ist sehr stark, ihr könnt ziellos darin treiben. Aber mit dem Anker des Glaubens, mit dem Wissen, daß Ich euch brauche, werdet ihr beständig und fest sein wie ein Felsen.

Sitzt nicht da
Und sagt, die Welt ist in schrecklicher Verfassung,
Das Land ist in schrecklicher Verfassung,
Und wenig könnt ihr tun als einzelne,
Um da zu helfen.

Mit Liebe in eurem Herzen
Und völliger Hingabe an Mich,
So daß Ich euch brauchen kann nach Meinem Willen,
Seid ihr Mir der Kanal, durch den Ich Hilfe bringe,
Hilfe für viele, die im Dunkel sind.

Wenn ihr in Frieden und in Stille
Täglich zusammen seid,
Seid ihr eine ungeheure Kraft.

Die Schwingungen erhöhen sich,
Ihr öffnet euch
Und erlaubt Mir, euch zu nutzen,
Um Meine Gottesliebe und Mein Licht,
Hinunter in die Welt zu senden
Und in das Leben vieler Menschen.

In kommenden Tagen,
Wenn dieses Zentrum wächst und sich weitet,
Werden immer mehr Seelen hierher gezogen.
Jeder hat etwas Besonderes zu geben
Zum Bau an dem Ganzen.
Sie müssen selber finden,
Was ihr Beitrag ist
Und geben, was sie haben.

Ihr werdet merken,
Daß viele neue wunderbare Gaben und Talente
Zum Vorschein kommen,
Jede von ihnen soll gefördert und gebraucht werden.
So wird eine völlig neue Entwicklungsstufe
Für das Werk beginnen.

Wie die Seelen lernen, ihre Gaben beizutragen,
Wird die Gemeinschaft wachsen und sich ausbreiten.

Niemand kann leben in der Gemeinschaft
Der immer nur nimmt und nimmt
Und selbst nichts gibt.
Laßt Mich euch brauchen,
Damit ihr euer Bestes geben könnt
Bei allem, was ihr tut.

Die meisten Seelen
Sehnen sich nach Frieden und nach Sicherheit
Und wissen nicht, wie sie sie schaffen können.
Darüber reden sie sehr viel.
Sie wissen, daß auf Weltebene etwas geschehn muß,
Wenn sich die Welt nicht selbst zerstören will,
Und sie versuchen es mit vielen Konferenzen.
All das ist gut,
Doch fangen sie am falschen Ende an,
Ganz oben statt am Fundament.
Ihr könnt kein Haus errichten,
Ohne unten zu beginnen
Mit dem Fundament.

Wie ihr denkt, so seid ihr,
Wie ein Volk denkt, so ist es.
Wenn ihm der Sinn nach Krieg und Aggressionen steht,
Wird es mit Sicherheit den Krieg erhalten,
Und alles lange Reden über Frieden
Erhält den Frieden nicht.
Wenn Gier, Haß und Eifersucht
Im Herzen eines Volkes sind,
So kann kein Reden über Frieden Frieden bringen.

Ändere das Denken eines Volkes,
Dann änderst du die ganze Einstellung.

Wie kann das geschehen?
Beim Individuum fängt es an,
Im Innern fängt es an.
In euch müßt ihr zuerst Frieden erlangen,
In eurem Heim,
In eurer Gemeinschaft.
Das könnt ihr nur,
Wenn ihr einander lieben lernt
Und füreinander lebt –
Statt für euch selbst.

Von diesem sicheren, felsenfesten Fundament
Könnt ihr dann weitergehen
Und Frieden tragen in die Welt.

Um die ersten Jahre in Findhorn durchzustehen, bedurfte es großen Glaubens, denn viele Schwierigkeiten lagen auf dem Weg, vieles, was sie entmutigen konnte. Nur das Vertrauen in Gott, in seine dauernde Führung und seinen Segen, seine grenzenlosen Möglichkeiten, ihre Bedürfnisse zu befriedigen, konnte sie da hindurch bringen.

Es gibt einen ganz bestimmten Grund, der euch enthüllt werden wird, wenn ihr in Treue weiterarbeitet. Es ist nicht immer notwendig oder richtig, daß ihr die Gründe für alles wißt. Manchmal ist es besser für euch, wenn ihr einfach vertrauensvoll handelt und dadurch euren Glauben stärkt.

Ihr wißt, wieviel bei diesem Werk auf dem Glauben basiert, und doch beginnt euer Glauben so oft zu wanken, wenn ihr keine konkreten Ergebnisse seht. Zweifel und Angst schleichen sich ein. Wie kann Ich Meine Wunder entfalten, wenn ihr nicht genug Vertrauen habt, ein wirklich unerschütterliches Vertrauen?

Ich muß so vieles zurückhalten, bis euer Glaube sich gefestigt hat und enthülle gerade nur den kleinsten Teil der Wunder, die auf ihre Enthüllung warten. Je schneller euer Glauben wächst, umso schneller wird das Neue für euch sichtbar.

Seid stark, stark in Glauben und Vertrauen. Ich werde euch nicht betrügen. Ihr könnt ganz sicher sein, daß hinter allem, was mit euch geschehen ist, ein Plan steht.

Wenn irgendein Bedürfnis besteht
Wißt, daß ihm schon abgeholfen ist.
Ihr braucht nur die Erfahrung,
Daß Ich schon weiß um eure Nöte
Und sie sogleich beseitige.
Aber ihr
Mit eurem festen Glauben
Müßt deutlich machen, was ihr braucht.

Ich habe euch gesagt,
Daß ihr in Meinem Namen Wunder wirken sollt;
Ihr wißt also, daß ihr das könnt.
Wenn eine Möglichkeit sich zeigt,
Kommt gleich zu Mir,
Anstatt die Hände in die Luft zu werfen
Und zu behaupten, daß ihr das und jenes nicht schafft.
Gebt euch in Meine Hände
Und sagt: Gebrauche uns als Instrument.
Entspannt euch und seid sicher,
Daß ihr in Meinem Namen alle Dinge tun könnt,
Und tut sie einfach.

Ich will, daß ihr an Meine Wunder glaubt.
Glaubt an Meine Wundertaten,
Wie ihr noch nie zuvor geglaubt habt.
Ich will in eurem Glauben keine Halbherzigkeit.
Ihr wißt ja, was Ich euch
In all den Jahren versprochen habe.
Schon einiges habt ihr erfüllt gesehen,
Anderes noch nicht.
Von jetzt an aber sollt ihr spüren
Von ganzem Herzen,
Daß alles, was Ich versprach, erfüllt wird.

Haltet das fest.
Ihr helft dadurch, daß es geschieht.
Ein jeder soll sich dieser Frage stellen,
Ob er Meinem Wort vertraut:
Tut es, oder tut es nicht.
Wenn ihr vertraut,
So wißt, daß alles, was Ich sage, sich ereignen wird.
Alles, was ich verspreche, erfülle Ich.
Wenn Ich Großes von euch erbitte,
Lasse Ich euch nie allein dabei.
Ihr müßt den ersten Schritt tun,
Denn das ist es, was ich von euch will,
Doch wenn ihr den getan habt,
Wird euch von allen Seiten Hilfe kommen.

Sucht diese Hilfe,
Ihr werdet sie stets finden.

Um im Leben irgendetwas zu erreichen,
Um die Gesetze der Offenbarung zu erkennen,
Muß die Seele die Kunst der Konzentration erlernen,
Intensivste Konzentration,
Denn ohne diese geht es nicht.
Sie muß Geduld lernen,
Beharrlichkeit,
Durchhaltewillen
Und trotz allem weitermachen,
Die Visionen bewahren von dem,
Was sich offenbaren soll
Und ohne den geringsten Zweifel wissen,
Daß es zur gegebenen Zeit
Für alle sichtbar Form gewinnt.

Wenn ihr die Wunder der Offenbarung erlebt habt,
Wird euer Glaube immer fester
Und ihr versteht den Sinn der Worte
„Der Glaube kann Berge versetzen“.
Je unmöglicher die Lage,
Desto stärkerer Glaube und Konzentration sind vonnöten;
Da sich alles langsam entwickeln muß,
Geschieht es auch nicht über Nacht.

Versucht es nie aus eigener Kraft zu tun.
Sucht Meine Führung, Meine Weisung
Für jeden Schritt, den ihr tut.
Die Kunst der Offenbarung ist der Weg des New Age.
Es ist die Art, wie ihr zu allen Zeiten leben sollt,
Und so erhaltet ihr, was ihr braucht.

Laßt, was ihr braucht, für alle da sein,
Nie nur für euch,
Denn gar nichts Gutes entsteht dann,
Wenn ihr nur für euch allein etwas fordert.

Ich weiß um alles, was ihr braucht
Und helfe ihm ab,
Schon ehe ihr es selber merkt,
Wenn ihr Mir alles überlaßt
Und es in Meine Hand gebt.

Indem er der Führung gehorchte, die Eileen erhielt, im Erbauen der äußeren Struktur von Findhorn, in der Bewahrung der klaren Vision, was zu tun sei, waren die Leitungsfunktion, das Drängen und die Hingabe Peters eine absolute Notwendigkeit. Wieder und wieder wurde klargestellt, daß er einen einzigartigen Platz in dem Werk habe, und daß er ein langes Training und lange Vorbereitung zu durchlaufen habe.

Bedenkt die Eigenschaften des Felsens: er ist fest, unbeweglich, kann allen Elementen trotzen, ohne im geringsten angegriffen zu werden.

Nun betrachtet Peter. Er ist ein Felsen. Er hat felsengleiche Eigenschaften, die lebenswichtig für die enorme Aufgabe sind, die er zu bewältigen hat. Er muß wissen, wohin er geht und muß alles beiseite schieben, was ihm im Weg steht.

Es ist seine Härte und Rücksichtslosigkeit, die du so schwer verstehen kannst, weil sie so kontrastiert mit deiner Arbeitsweise. Ich habe jedem von euch andere Eigenschaften verliehen, die nie miteinander verglichen werden sollen. Nimm einmal an, Peter sei in sich unsicher, nimm an, er würde ständig anhalten und sagen, er habe unrecht. Nimm an, Keime des Zweifels tauchten bei ihm auf. Er wäre zu nichts nutze. Ich brauche ihn absolut felsengleich und unverrückbar für das Werk, das er tun soll.

Er ist ein großer Führer,
Das müßt ihr alle anerkennen.
Er braucht eure volle Rückendeckung,
Das macht die Dinge für ihn leichter.
Aber ob er diesen Rückhalt
Von euch allen hat oder nicht,
Er wird nicht wanken in seinem Ziel,
Er wird seinen Weg erzwingen
Bis zum Ziel und zum Sieg.
Mit eurer Hilfe und Kooperation
Wird alles schneller gehen.

Was Peter gesagt hat über die Notwendigkeit, das Alte loszuwerden, damit man Neues bauen kann, ist wahr. Peter hat eine Vorstellung von diesem Platz, eine Vorstellung, die Ich ihm eingegeben habe. Diese Vision sieht er vor sich und beginnt dann, sie auf diese Ebene herunter zu holen. Er weiß, was er tut.

Darum kann er rücksichtslos sein, denn er weiß, daß aus dieser Härte Vollkommenheit hervorgehen wird. Wenn er nicht wüßte, was er tut, wenn seine Vorstellung unklar wäre, könntet ihr besorgt sein. Aber so ist es nicht. Seine Vision ist kristallklar, und er weiß, was er tut.

Peter hat seine Qualitäten:
Die Bestimmtheit,
Mit der er die erstaunlichsten
Und fantastischsten Dinge durchschaut.
Er ist geschult und vorbereitet worden
Durch sein ganzes Leben.
Was er erreicht hat in vergangenen Zeiten,
Wird er in Zukunft auch erreichen.

Nichts wird ihn entmutigen,
Nichts ihn von dem Weg abbringen,
Groß wird der Erfolg dieses Werkes sein.
Einen nicht zu erschütternden Felsen
Braucht man in Zeiten wie diesen.
In Peter habe Ich diesen Felsen,
Ich kann Mich fest auf ihn verlassen.
Es gibt nicht viele,
Von denen Ich das mit Sicherheit sagen kann,
Doch bei ihm kann Ich es.

Peter ist ein Führer, und eines Tages wird er ein großer Führer von vielen, vielen Seelen sein. Er muß aber noch wichtige Dinge lernen. Ein großer Führer hält die Zügel, aber gleichzeitig weckt er das Beste in denen, die er leitet. Dieses Beste ist für das ganze Werk zu nutzen.

Jeder von euch hat eine andere Rolle zu spielen. Jeder ist auf unterschiedliche Weise genauso wichtig wie der andere. Ihr werdet alle gebraucht, sehr gebraucht. Aber so oft habt ihr das Gefühl, ihr seid überflüssig.

Das ist falsch. Das ist der Grund, warum oft ein Gefühl gestörten Gleichgewichts in eurer Gruppe herrscht. Das muß sich ändern. Lernt, in völliger Übereinstimmung zu arbeiten, denn alles, was ihr tut, tut ihr für Mich.

Es ist absolut nötig, daß Peter alle Zügel in der Hand hat und das ganze große Werk kontrolliert. Es ist ein großes Unternehmen. Ihr seht nur einen kleinen Teil davon, das ist bei jedem von euch so. Peter sieht das ganze Bild, und wo er einen Teil nicht sehen kann, wird er so lange suchen, bis er ihn findet.

Er braucht Hilfe und Mitarbeit, nicht ein ständiges Zurückweichen von jedem von euch. Es ist das Ich, das aufsteht und Opposition erzeugt. Befreit euch von diesem Ich und schwimmt mit der Flut und helft alle.

Baut auf, seid nie im Wege; Peter hat eine gewaltige Mission zu erfüllen, und er wird sie erfüllen, gleich welche Hindernisse sich ihm in den Weg stellen werden.

Ich habe ihm diesen Auftrag gegeben,
Und Ich bin bei ihm bei allem, was er tut,
Und seine Begeisterung kommt von mir.

Wenn er etwas sieht, das getan werden muß,
Wird er es allen Einwänden zum Trotz
Und gegen allen Widerstand tun.

Er kennt seinen Auftrag,
Nie und nimmer wird er ein Nein akzeptieren.
Groß wird der Erfolg sein,
Groß der Sieg.

Erkennt doch, daß er Meinen Willen tut
Und tut alles, ihm zu helfen.

Dies sage Ich euch allen:
Wählt den richtigen Weg und geht ihn.
Seht nicht rechts oder links,
Richtet eure Augen auf das Ziel:
Ihr seid die Speerspitze.
Der Weg, den Peter erkundet,
Wird von Tausenden und Abertausenden von Seelen
Gewandert werden.
Das ist das Neue.

Findhorn ist auf der Erkenntnis errichtet, daß die Erde und die ganze Menschheit in ein neues Zeitalter eintreten.

David Spangler

Danket dafür, daß ihr in dieser Zeit auf der Erde seid. Jede Gruppe, die für das Licht arbeitet, hat eine bestimmte Aufgabe, für die sie vorbereitet wird.

Deshalb ist es recht wichtig, daß jeder sucht, bis er seine Aufgabe findet. Wenn ihr sie gefunden habt, haltet fest an der Vision, die Ich euch davon gebe, und laßt euch nicht davon abbringen oder eure Vision verzerren.

Ich will, daß ihr schon jetzt für die herrliche Zukunft arbeitet, für das Neue Zeitalter.
Was hier zur Zeit erbaut wird, ist für die Zukunft. Seht, wie es wächst und blüht. Habt keine Angst, euch in allem auszuweiten.

Tut alles in festem Glauben und Vertrauen, denn alles, was getan wird, hat Meinen vollen Segen. Nur Vollkommenes kann daraus entstehen.

5. Verwandlung

Ich sah ein Bild von einem häßlichen Entlein:
Es ward verwandelt in einen schönen Schwan.
Ich hörte diese Worte:
Der göttliche Funke ruht in jedem Herzen.
Doch ehe er wirksam werden kann,
Muß man ihm Luft zufächeln,
Bis er zur Flamme der tiefsten Liebe wird
Und zum Feuer der Hingabe an Mich und Meinen Dienst.

Man hat Findhorn einen Ort der Visionen genannt. Es ist auch schon ein Ort der Darstellung genannt worden. Man kann wohl mit Recht sagen, daß es ein Ort der Verwandlung ist.

David Spangler sagte: „Findhorn ruht auf der Erkenntnis, daß die Erde und die ganze Menschheit dabei sind, in ein Neues Zeitalter einzutreten". Der ersten Gruppe wurde oft gesagt, daß sie Entdecker und Pioniere des Neuen Zeitalters seien. Aber was ist das eigentlich, das Neue Zeitalter?

Es ist definiert worden als „eine Veränderung des Bewußtseins", und das erklärt, warum jeder einzelne im Neuen Zeitalter bedeutsam ist. Ein solcher Wechsel des Bewußtseins kann nicht zustande kommen oder hervorgebracht werden durch einen Regierungserlaß. Er muß von jedem einzelnen Menschen erlebt werden, und Findhorn existiert eigentlich vor allem deshalb, um diese Veränderung in jedem einzelnen in die Wege zu leiten.

Veränderung wird nötig werden,
Drum wehrt euch nicht dagegen.
Ausweitung wird nötig sein,
So wehrt euch nicht dagegen.

Öffnet euch,
Erlaubt es euch zu wachsen, euch zu weiten und zu ändern,
Ohne Anstrengung oder Widerstand.
Die sich nicht ändern können,
Weil sie sich nicht ändern wollen,
Werden einfach zurückgelassen.

Die genaue Art dieser Veränderung wurde von David Spangler so definiert: Das neue Zeitalter ist im Grunde die Veränderung des Bewußtseins von Getrenntheit und Isolation hin zu Kommunion, Einstimmung und Ganzheit.

Sucht und findet das direkte Band zu Mir,
Haltet es fest, ganz gleich, was um euch vorgeht:
Durch dieses Band sind alle Dinge möglich.

Das Band zu Mir, das göttliche,
Ist Quelle aller Kraft,
Und diese Kraft ist es, die Wunder schafft,
Und göttliches Gesetz manifestiert.
Was sind Wunder anderes als Mein Gesetz in Aktion?
Wer mit solchem Gesetz arbeitet,
Dem kann alles gelingen.

Wenn ihr eins werdet mit der Einheit des Lebens,
Mit aller Weisheit,
Mit aller Macht,
Dann öffnet ihr die Türen,
Und erlaubt dem Gesetz, in euch zu wirken.

Warum die Wunder suchen im Leben anderer,
Wenn sie in eurem Leben sich ereignen,
Wenn ihr euch einstimmt in die Kraft und Einheit
Und glaubt, daß ihr alle Ziele mit Mir erreichen könnt,
Denn Ich stärke und unterstütze euch
Und wirke in und durch euch.

Durch euch selbst seid Ihr gar nichts,
Doch mit Mir könnt ihr alles tun.
Ihr werdet Wunder über Wunder
In eurem Leben sich ereignen sehen.
Haltet das Bewußtsein aufrecht,
Seid bereit, das wahre Erbe zu empfangen.
Habt ihr nicht die Einheit mit Mir anerkannt?
Habt ihr nicht erkannt, daß Ich in euch bin,
Daß ihr Weisheit seid
Und Kraft
Und Liebe?

Alles, was in euch ist, wird zum Vorschein kommen
Und wird zum Wohl des Ganzen angewendet,
Und die erstaunlichsten, wunderbarsten Dinge
Werden sich ereignen.
Mehr als das:
Was sich ereignet, das wird alle Grenzen sprengen,
Denn Ich bin grenzenlos,
Und alle Dinge sind möglich, wo Ich bin.
In solchem ausgeweiteten Bewußtsein
Ist euch die Einheit allen Lebens bewußt:
Ihr seid eins mit allen euren Mitmenschen,
Ihr kennt den Sinn von Harmonie und Einheit,
Der Bruderschaft der Menschen.
Jeder Mensch ist euer Nächster,
Und ihr liebt ihn wie euch selbst.

Das ist die Antwort auf alle Fragen.
Wenn ihr das tun könnt,
Könnt ihr Mißklang und Uneinigkeit überwinden.
Wenn mehr und mehr Seelen lernen, so zu handeln,
Wird Harmonie und Frieden in der Welt regieren.
Alles fängt bei euch an.
Zeigt nie mit Fingern auf die anderen,
Beginnt selbst, etwas zu tun.
Fangt heute an,
Eine bessere Zeit als heute gibt es nicht.

Versucht, diese Zeit als den Beginn des Neuen zu sehen,
Die Geburt des Neuen.
Und das Neue kann sofort und hier beginnen
In eurem Herzen.
Ihr braucht nicht zu warten auf andere,
Die es beginnen sollen.
Ihr habt nicht nötig, irgendwo zu suchen,
Außer in euren eigenen Herzen.
Es ist wirklich so einfach.

Versucht, dieses neue Leben
Als ein großes Abenteuer anzusehen.
Ihr geht in ein neues Land,
Wo neue Menschen wohnen,
Die eine neue Sprache sprechen,
Die eine neue Lebensweise haben,
Und eure alte Art
Paßt einfach nicht in dieses Abenteuer.

Wenn ihr im rechten Geist eintretet in das Neue,
Kann es ein freudevolles Abenteuer sein.
Ihr werdet nichts bedauern.
Setzt in Mich Glauben und Vertrauen
Und geht furchtlos weiter.

Wie viel leichter ist es für ein Kind,
Das Neue anzunehmen,
Denn es ist ja noch nicht in eine Spur geraten
Und braucht deshalb nichts Altes abzuschütteln,
Ehe es das Neue akzeptiert.

Für euch wäre es gut,
Zu werden wie ein kleines Kind,
Doch das zu tun, ist schwer und hart für euch.

Habt ihr je eine Schlange beobachtet, die ihre alte Haut abstreift, sie ganz und leer liegen läßt und schön, neu, frisch und glänzend aus ihr schlüpft? Es macht nichts, wenn ihr nie Zeuge einer solchen Häutung wart, aber ich möchte, daß ihr das mit all dem Alten in euch tut. Ich möchte, daß ihr Zoll um Zoll aus eurer alten Haut schlüpft und sie zurückläßt, so daß sie verdorrt und sich auflöst in nichts, und daß ihr in das Neue schlüpft, ohne eine Spur des Alten zu behalten.

Eine Schlange hängt nicht an ihren alten Häuten. Wenn ihre Zeit kommt, wo sie die alte Haut abstreifen muß, geht dabei alles Alte verloren. Sie hat keine Wahl bei diesem Vorgang. Es geschieht einfach.

Aber dem Menschen ist ein freier Wille gegeben worden, er kann wählen, ob er das Alte abstreifen will und als völlig neuer Mensch daraus hervorgehen will, oder ob er an einem Teil des Alten hängt. Es ist vielleicht nur ein winziger Teil, aber selbst dieses wenige kann das Neue beeinträchtigen, kann einen Bruch bedeuten, ein Stolperstein sein für das klare Voranschreiten.

Seht deshalb in euch hinein, ob es da noch irgendetwas von dem Alten gibt, an dem ihr noch hängt. Wenn ihr etwas findet, reißt euch davon los und tretet in das Neue ein, als ein neues Wesen, mit Licht und Liebe angefüllt, ein strahlendes Wesen.

Vielleicht meint ihr, ihr hättet alles Alte schon ausgemerzt. Bedenkt aber, daß das Alte nur schwer stirbt und sich das nicht einfach ereignet. Es bedarf einer sehr entschlossenen Anstrengung von eurer Seite. Wenn ihr aber diese entschlossene Anstrengung gemacht habt und das Alte hinter euch gelassen habt wie die Schlange, könnt ihr nicht wieder zurück zu dem Alten.

Wie sie aus ihrer alten Haut herausgewachsen ist, so seid ihr aus dem Alten herausgewachsen, und jetzt liegt gerade das herrliche Neue vor euch, schimmernd in Schönheit und Glanz. Die Schlange wollte sicher nicht zurück in ihre alte Haut, und auch ihr würdet euch nicht wünschen, zu dem alten Leben zurückzukehren. Laßt die Haut vertrocknen und zerfallen zu nichts.

Ich möchte, daß ihr Meine Wunder in eurem Leben bezeugt. Ich möchte Meine Kraft in euch demonstrieren. Ich werde das tun, sobald ihr alles Alte hinter euch gelassen habt und ganz in dem Neuen lebt.

Ich kann euch versichern, daß das geschehen wird. Ihr macht wunderbare Fortschritte und denkt manchmal, ihr seid schon ganz in dem Neuen, aber es ist immer noch ein klein wenig von dem Alten geblieben. Macht also eine besondere Anstrengung. Bemüht euch sehr, dann wird es gelingen.

Der Wandel kann so schnell kommen,
Wenn ihr bereit und willig seid, Wandel zu akzeptieren
Und aufhört, dagegen zu kämpfen.

Alle Dinge werden neu,
Wenn ihr sie anseht mit den Augen der Liebe.
Jeder Wandel,
Jede Bewegung,
Jeder Test,
Jede Prüfung,
Alles führt zum Besten,
Alles hilft euch zu wachsen an Festigkeit und Stärke,
Und hilft euch, eueren rechten Wert zu gewinnen,
Nichts für selbstverständlich zu halten,
Euch zu ändern, und das rasch,
Ohne jeden Widerstand,
Ohne Verstimmung.

Warum nicht gleich das Alte abwerfen,
Um Platz zu machen für das Neue –
Gleich jetzt?
Viel zu viel Zeit wird verschwendet
Im Nachdenken darüber –
Schnelles Handeln tut not.
Ein schneller Bruch ist so viel besser
Als ein lange hinausgezögerter.
Geht es an,
Tut jetzt etwas dafür.

Das neue Zeitalter ist das Zeitalter des Gruppenbewußtseins, des Lernens, in Einheit mit einer Gruppe zu leben und zu arbeiten. Da die meisten Menschen Individualisten und in ihrer Haltung auf sich selbst bezogen sind, muß ein radikaler innerer Umschwung sie dazu befähigen, ein echtes Mitglied einer Gruppe, ein Teil des Ganzen zu werden. Dieser Umschwung wurde bereits definiert als ein Wandel des Bewußtseins von Trennung und Isolation zu einem Bewußtsein der Kommunion, der Einstimmung und der Ganzheit.

Ich bin es, der euch zusammengeführt hat,
Euch, eine Anzahl eigenwilliger Individuen,
Voller Fehler und Mängel,
Die absolut nichts gemeinsam hatten.

Ich habe in der Tat die schwierigsten ausgewählt,
Und ihr sollt zu einer Gruppe zusammengeschweißt werden,
Wo Einheit, Frieden und Harmonie herrschen.

Aus Chaos und Verwirrung,
Hervorgerufen durch die Eigenwilligkeit in euch,
Lehre Ich euch,
Leite Ich euch,
Führe Ich euch Meine Wege,
Bis endlich jeder von euch nicht mehr eigenwillig ist,
Sondern allein durch Mich und Meinen Willen lebt.

Wenn ihr danach strebt, Mir näher zu kommen,
Werdet ihr unweigerlich Einheit finden,
Denn Ich bin die größte Einheitskraft im Universum.

Wenn ihr eins seid mit Mir,
Seid ihr auch eins mit dem ganzen Universum.

Laßt das euer Ziel sein.
Ihr wißt, daß alle Dinge möglich sind,
Ihr bahnt den Weg für viele.
Pionier sein ist immer schwer,
Aber es lohnt sich in der Tat.

Seid Pioniere für Mich;
Wißt, daß jede Schlacht
Für Mich geschlagen und gewonnen wird
Und euch dem Ziele näher bringt.
Ihr werdet es erreichen,
Habt nicht den geringsten Zweifel.
Als Gruppe habt ihr
Ein gewaltiges Werk zu tun für Mich.

Es gibt ein Wunder, das du ständig vor dir hast und das dich erstaunt: Das ist die Art, wie Ich dein Herz vollständig gereinigt habe von aller Härte und Bitterkeit gegen . . .

Es ist gut, von Zeit zu Zeit eure Beziehungen zu denen, die um euch sind, zu überprüfen – eure Motive und eure Haltung. Wenn man so nahe auf engem Raum lebt wie ihr als Gruppe, muß die Luft von Zeit zu Zeit gereinigt werden. Tiefe Anteilnahme und offenes Sprechen helfen dabei.

Laßt nie Verstimmungen sich anhäufen, denn früher oder später wird, was im Innern gärt, ausbrechen, wird Zerwürfnisse, Mißverständnisse und Uneinigkeit mit sich bringen. Schaut in euch hinein, ehe ihr jemanden wegen etwas tadelt.

Überlegt, was ihr persönlich tun könnt, um Falsches richtigzustellen, und wenn ihr es gefunden habt, tut es sofort. Wartet nicht darauf, daß die anderen den ersten Schritt tun. Ihr müßtet wohl lange darauf warten. Ihr könnt gleich jetzt etwas unternehmen.

Macht von Zeit zu Zeit einen Frühjahrsputz, damit ihr einen neuen Anfang machen könnt.

> Liebe überwindet alle Schranken.
> Wenn Liebe in euren Herzen ist,
> Ändert sich euer Weltbild.
> Was schwarz war, wird zum reinsten Weiß.
> Liebe ist die Lösung aller Sorgen und Probleme.
>
> Wie könnt ihr hoffen, daß die Dinge glatt gehen,
> Wenn ihr um euch schlagt und kämpft die ganze Zeit
> Und voller Bitterkeit und Groll seid
> Und nirgends etwas Gutes seht?

Warum beginnt ihr nicht gleich jetzt damit,
Euer Denken zu verändern,
Und was ihr denkt und fühlt
An Bitterkeit und Groll
Durch Liebe zu ersetzen
Und durch guten Willen?

Nehmt euch Zeit zum Stillesein,
So daß ihr Meine Liebe um euch fühlen könnt.
Öffnet die Augen,
Öffnet eure Herzen
Und seht Mich in allem.

Laßt los.
Seid ganz im Frieden.
Nehmt Meine Gottesliebe in euch auf.
Laßt euch ganz mit ihr anfüllen,
Dann laßt sie ungehindert aus euch fließen.
Frei gebe Ich euch meine Liebe, jedem von euch.
Öffnet euch, laßt sie ein und durch euch fließen
Und wieder hinaus zu allen, die sie brauchen.

Mit Liebe im Herzen
Erhält das Leben eine andere Färbung.
So liebt, liebt, liebt,
Nehmt nichts für euch selbst
Und ändert euer Leben und euren Standpunkt völlig.
Ich bin bei euch.

Lernt, euch in andere hineinzudenken
und hineinzufühlen;
Tut anderen, was ihr euch wünscht,
Was sie euch tun sollten.
Versteht und tretet ganz in ihre Herzen und ihr Leben.
Gießt Liebe und Mitgefühl in sie,
Verbannt Kritik, Urteil und Verdammung.

Es ist nicht leicht, die andere Wange darzubieten,
Wenn jemand nach euch schlägt,
Entweder in Worten oder in Taten –
Zurückzuschlagen ist die erste Reaktion.
Wer nicht gelernt hat, auf rechte Weise zu reagieren,
Wer zurückgibt, was er bekommt
Und sich dann ganz im Recht fühlt,
Der wundert sich,
Daß so viel Chaos und Verwirrung herrschen,
Warum die Menschheit so voll Haß,
Voll Bitterkeit und Groll ist.
Wie blind er ist!
Er kann nicht sehen,
Daß, wenn er nicht sein ganzes Denken ändert
Und gleich beginnt, den Nächsten wie sich selbst zu lieben,
Er keine Aussicht hat,
Den Lauf der Welt zu ändern.
Liebe ändert und verwandelt
Alle Bitterkeit und allen Haß.
Verstehen öffnet Herzen, die verschlossen waren,
Die kalt und unansprechbar waren.

Laßt das Öl der Liebe reichlich fließen zwischen euch,
So daß das Schwierige, Verhärtete in euch
Erlöst und befreit wird,
Bis wunderbares freies Fließen von Liebe und
gutem Willen
Sich zwischen euch ereignet
Und Liebe oberstes Prinzip in euren Herzen ist.
Lebt
Und bewegt euch,
Lebt in Freiheit und Liebe.

Je mehr sich die Menschen ändern,
Je mehr Liebe und guter Wille da sind,
Desto schneller wird die Welt sich ändern,
Doch es beginnt in euch:
In dir
Und dir.
Je früher ihr das erkennt
Und etwas dafür tut,
Desto eher wird sich alles um euch ändern
Draußen in der Welt.
Fangt an, etwas zu tun.

Ein Neues entfaltet sich die ganze Zeit.
Fühlt, wie ihr wachst, wie ihr euch streckt,
Seid euch bewußt, was um euch vorgeht.
Nichts ist statisch,
Alles bewegt sich
Und ändert sich ständig,
Und jeder Wechsel ist zum Guten.

Manche Leute wollen sich nicht ändern. Viele leisten Widerstand. Manche weisen den Gedanken zurück, daß wir die Änderung brauchen, oder sie sagen, daß wir uns nicht ändern können. Viel von diesem Widerstand kommt daher, daß sie nicht ehrlich mit sich sind. Sie wollen sich nicht sehen, wie sie wirklich sind. Der erste Schritt zur Änderung ist daher, zu „sehen".

Ich weiß, was ihr empfindet,
Wenn Ich so streng mit euch spreche
Und euch zur Rede stelle.

Seid dankbar, daß Ich das kann,
Daß Ich euch eure Unzulänglichkeiten
Auf diese Art bewußt machen kann,
Denn dann könnt ihr etwas daran ändern.

Es gibt oft blinde Flecken in jedem von euch.
Es ist euch unbehaglich,
Wenn Ich sie deutlich sichtbar mache mit Meinem Licht.
Es wäre für euch viel bequemer,
Weiterzuleben in der alten Weise
Und blinde Flecken nicht zu sehen.

Aus großer gütiger Liebe
Beleuchte Ich alle wunden Stellen,
Damit sie ans Licht kommen
Und geheilt werden.

Ich bin das Licht der Welt,
Zu allen Zeiten bin ich da.
Doch wenn der Mensch die Fensterläden schließt
Oder sich ein Tuch vor die Augen bindet,
Scheine Ich nicht länger da zu sein,
Und er steht da in großer Finsternis.

Wenn er das Tuch Stück für Stück
von seinen Augen nimmt,
Dann kann er das Licht wieder sehen,
Doch langsam darf das nur geschehen,
Sonst würde er geblendet durch die Helligkeit.

Die Menschheit muß selbst wählen,
Ob sie handeln will,
Ob sie die Binde von den Augen nimmt,
Denn niemand kann das für sie tun.

Oft war es schon der Menschheit eigene Wahl,
Im Dunkel zu verbleiben,
Denn ihre Fehler, ihre Mängel, ihre Schwächen
Sind nicht zu sehen im Dunkel.
Dunkelheit macht blind und fesselt,
Der Mensch ist nicht mehr frei,
Gerät in Knechtschaft,
Wenn er auch meint, dies sei der bequemere Weg.

I h r wißt, was Ich meine:
Wenn ihr im Dunkeln seid,
Wollt ihr in Ruhe gelassen werden
Aus Sorge, was das Licht enthüllen könnte.

Wenn immer mehr
Sich in dieses Zentrum gezogen fühlen,
Dann wird es viele geben,
Die bei euch bleiben wollen,
Die lernen wollen, zu leben und zu arbeiten als Gruppe.

Viel Liebe werdet ihr brauchen,
Tiefes Verständnis und Toleranz.
Alle sind verschieden,
Alle brauchen besondere Behandlung,
Besonderes Verstehen.
Versucht nie, alle in einen Topf zu werfen.
Jeder ist ein Individuum,
Das seine eigene Behandlung braucht.
Jeder hat besondere Probleme,
Die gelöst sein müssen.

Viel Geduld ist da gefragt,
Es wird nicht leicht sein.
Haltet euch eng an Mich
Und laßt Mich jedes Wort und jedes Tun bestimmen.

Ich möchte, daß ihr euch einen Schatz vorstellt, der vor Hunderten von Jahren in den Tiefen des Ozeans verlorenging. Dort hat er gelegen und wurde immer mehr von Muscheln verkrustet, bis seine ursprüngliche Schönheit nicht mehr zu erkennen war.

Dann wird er endlich von einem Schatzsucher entdeckt, an die Oberfläche gebracht und sieht ganz wertlos aus. Jemand ohne Kenntnisse oder Scharfblick würde ihn nicht als unschätzbaren Wert erkennen und würde ihn vielleicht als Schrott zurückwerfen ins Meer.

Aber der Wissende, der Mensch mit klarem Blick, würde sich Zeit nehmen und Geduld, und würde die Muscheln sorgfältig abkratzen. Es würde vielleicht viele Wochen dauern, um einen winzigen Teil des Schatzes sichtbar zu machen, aber der Wissende wird sich durch nichts abhalten lassen, bis er ihn vollständig gereinigt hat und er vor ihm liegt in seiner wahren Schönheit und Vollkommenheit.

So ist es auch mit der Seele. In jeder Seele ist wahre Vollkommenheit, das Christusbild, der göttliche Funken. Er mag nicht zu erkennen sein vor lauter Schmutz und Unrat, die ihn bedecken, aber wer wissend ist und feinfühlig, sieht tief unter der oberflächlichen Unordnung die Wahrheit, und mit großer Geduld und Ausdauer und Liebe wird er langsam Stück für Stück alles, was die Schönheit dieser Seele beeinträchtigt, entfernen, bis die Vollkommenheit sichtbar wird und die Seele dasteht in vollem Glanz und weiß, daß sie eins ist mit Mir.

Verschwendet keine Zeit
Mit Versuchen, eure Schwächen und Fehler zu besiegen.
Hebt nur euer Bewußtsein,
Übersteigt und befreit eure Gedanken
Von Einengung und Illusion.
Findet mitten im Zentrum eures Seins
Ganzheit und Vollständigkeit.

Erkennt den Sinn der wahren Freiheit.
Das Wissen um die Freiheit macht euch frei,
Meinen Willen zu tun
Und Meine Wege zu wandern.

Hört auf zu kämpfen,
Werdet ruhig.
Schwelgt nicht in euren Unzulänglichkeiten.
Seid vollkommen – so wie Ich es bin.
Wißt, daß ihr diese Vollkommenheit erreichen könnt.
Nehmt keine Einengung hin.
Steckt euch ein hohes Ziel,
Ihr werdet es erreichen.
Nur euer enges Denken hindert euch daran.

Findet heraus, was Ich für euch plane
Und führt es ohne Zögern aus.

Laßt die geringen, kleinen Dinge des Lebens
Euch nicht hindern, auf dem Geistesweg voranzukommen.
Die kleinen, geringen Selbstverwöhnungen,
Die im Augenblick harmlos scheinen,
Und doch wie Schlamm in einem Strom
Langsam den freien Fluß blockieren,
Bis er träge wird und leblos.

Haltet ein stetes Fließen aufrecht,
So daß euch nichts im Wege stehen kann
Und alles reingewaschen wird,
Bevor es Zeit hat zu verschlammen.

Füllt das Gemüt mit positivem, kreativem Denken.
Füllt eure Herzen mit Liebe,
Füllt euer Leben mit Licht.
Seid Liebe,
Seid Licht.
Seid voller Weisheit und Verstehen.
Alles ist euer,
Wenn euer Leben in Meinem ruht
Und ihr lernt, Meinen Willen zu tun
Und Meine Wege zu wandern.

Lernt Ungeduld mit Sanftheit zu begegnen,
Und Verstocktheit mit Güte.
Erwidert immer Böses mit Gutem.
Besiegt Ärger mit Liebe,
Liebe wird alles überwinden.
So füllt doch eure Herzen ganz mit Liebe –
Auf diese Weise überwindet ihr die Welt.

Liebe löst alles,
Eine größere Macht als Liebe gibt es nicht.
Liebe eint.
Liebe sieht nichts Böses, nur das Gute.
Liebe sieht Vollkommenheit in allem und in jedem
Und verwandelt das härteste Herz in ein liebendes Herz.
Liebe muß in und durch die Menschen fließen.
Öffnet eure Herzen
Und laßt sie durch euch fließen.

Schicht um Schicht muß abgetragen werden,
Ehe das Herz offen liegt
Und wirkliche Liebe kennt und fühlt.
In dem Maß, wie ihr an andere denken lernt
Und wie ihr lernt, den Mitmenschen zu dienen,
Wie ihr das Selbst vergessen lernt im Dienst,
werden die alten Schichten Stück für Stück abgetragen.

Es sind viele Schichten abzulösen
Wie Schalen einer Zwiebel.
Doch gebt niemals auf,
Verzweifelt nicht,
Wißt nur:
Solange es euer heißer Wunsch ist, zu wissen
Und den wahren Sinn der Liebe zu finden,
Werdet ihr es tun.

Bereitschaft zur Veränderung ist eine Haupteigenschaft im New-Age-Bewußtsein. Viele Leute finden bei anderen, daß sie sich ändern sollen, aber nicht jeder ist gewillt, die Anstrengung, die Mühe und die Disziplin auf sich zu nehmen, um sich selbst zu ändern.

Niemand kann in das Neue eintreten,
Ohne sich tief im Herzen zu verändern,
Und eine Änderung des Herzens könnt ihr nur erfahren,
Wenn ihr sie aus eigenem freien Willen wirklich wollt.
Niemand kann Eure Änderung bewirken.
Nur zeigen können andere euch den Weg,
Gehen müßt ihr ihn selbst.
Ihr müßt die Räder in Bewegung setzen
Und sie dann in Bewegung halten.

Wenn Seelen die verfeinerte Atmosphäre dieses Zentrums betreten, geschieht etwas mit ihnen, und sie sind nie mehr dieselben. Vielleicht werden sie, wenn sie hier weggehen, zurück in die gewöhnliche Atmosphäre ihres täglichen Lebens, am Anfang ein wenig zurückfallen, aber nie kann ihr Leben wieder dasselbe sein. In dieser Atmosphäre hier ist der göttliche Funken in jeder Seele entfacht worden, und langsam wird der Funken zur Flamme und wird immer größer und immer heller werden.

Vielleicht geht es bei einigen sehr langsam vor sich, es wird sich aber trotzdem ereigenen. Bei anderen wird die Flamme sogleich lodern, sie werden weggehen und große Dinge erleben. Sie werden die Stufen mit großen Schritten hinaufspringen, mit freudigem Herzen. Alle Hindernisse werden überwunden. Nichts wird sie hindern auf ihrem Weg des geistigen Aufstiegs, denn sie haben das Licht gesehen, und nichts kann sie abhalten, das Licht zu erreichen.

Das Alte muß sterben,
Damit das Neue lebe, zunehme
Und sich vervielfältige.
Wenn man Kartoffeln setzt,
Müssen die alten Kartoffeln verfaulen und verrotten.
Auf diese Weise wachsen fortwährend neue Kartoffeln in der Erde.
Wenn ein Samen in die Erde gelegt wird,
Vergeht das ursprüngliche Korn,
Damit neues in größerer Zahl werden kann.
So ist es auch mit den Menschen.
Das Alte muß abtreten und sterben,
Damit das Neue in seinem Glanz hervorkommt.

Deshalb wehrt euch nie gegen Veränderungen,
Bejaht sie als wichtigen Lebensprozeß,
Sitzt nie herum und vegetiert,
Zufrieden mit dem alten Weg, den alten Formen.
Es wartet ja so viel auf euch im Leben,
Wenn ihr nur lernt, das Alte aufzugeben
Und fortzuschreiten in das herrliche Neue.

Habt keine Angst vor Unbekanntem, Niegesehenem.
Wißt nur, daß, wenn ihr völlig neues Land betretet,
Es ganz wunderbar sein wird.
Erwartet, daß das Beste sich ereignen wird,
Und es geschieht.

Viele sitzen herum und fürchten,
Was das Morgen wohl bringen wird,
Anstatt sich der Fülle zu freuen,
Die dieser Augenblick bereit hält.
Hört auf zu grübeln über das Morgen:
Das Heute gilt,
Das, was ihr gerade tut in diesem Augenblick.

Wenn ein Same sich weigern würde,
In die Erde gesetzt zu werden,
So würde er nie wachsen.
Wenn ihr euch weigert, euch zu ändern,
Müßt ihr verwelken und sterben.
Das Leben ändert sich beständig, ist immer neu.
Es ist voller Freude und erregend.
Nie muß es einen Augenblick der Langeweile geben,
Wenn ihr mitten im Strom schwimmt
Und in der Kraft der Strömung bleibt,
Euch nicht in einen toten Winkel abtreiben laßt
Und euch nicht weigert weiterzufließen,
Wenn ihr euch dem Leben im richtigen Geiste stellt,
Dem Geist des Abenteuers.

Die Umstände ändern sich, und da müßt ihr lernen, ganz offen und beweglich zu sein und willens, den Kurs im Augenblick zu ändern. Wenn ihr mit Mir arbeitet, hat Starrheit keinen Sinn. Ein harter, spröder, unbiegsamer Klumpen Ton ist unbrauchbar in des Töpfers Hand. Er könnte nicht zu etwas Schönem geformt werden.

Fürchtet euch nie vor Änderung.
Fürchtet euch nie vor Ausweitung.
Laßt einfach los.
Und laßt alles ganz natürlich geschehen.

Öffnet die Augen
Und seht, wie alles sich verwandelt in der Natur,
Wie eine Blume sich natürlich öffnet ohne Widerstand,
Wie ein Baum wechselt von den kahlen Ästen
Zu grünem Laub,
Wie er wächst und seine Zweige reckt
In die Höhe und Weite
Hin zu seiner vollen Schönheit.
Laßt einfach los, ein jeder von euch
Und entspannt euch in Meine göttliche Liebe hinein.
Laßt euch wachsen und weiten,
So natürlich wie die Bäume und die Pflanzen
Und schaut, was geschieht.
Wunder über Wunder werden sich ereignen,
Weil euer Ich das Wachstum und Weiten nicht behindert.
Seid still.
Und in der Stille laßt Mich Meinen Willen enthüllen,
Meinen göttlichen Plan für euch.
Es ist ein strahlender Plan.
Nehmt diese Worte einfach auf,
Aber seid euch bewußt,
Daß er sich nur allmählich entfalten wird,
Nicht von heute auf morgen.
Wenn ich euch Meinen Plan sogleich enthüllen würde,
Ihr könntet ihn nicht erfassen,
So wundervoll er auch ist.
Legt euer Leben in Meine Hände,
Überlaßt Mir den Rest
Im völligen Glauben und Vertrauen
Und in dem Wissen, daß Ich allein weiß,
Was für euch das Beste ist.
Wenn ihr Mir erlaubt,
Euer ganzes Leben zu lenken und zu leiten,
So kann nur das Beste geschehen.
Ich bin immer bei euch,
Und wenn Ich bei euch bin,
Schwingt alles vollkommen zusammen.

Eine der ältesten Wahrheiten, ebenso eine der bedeutsamsten für das Neue Zeitalter, lautet: „Wie ein Mensch in seinem Herzen denkt, so ist er." In moderner Sprache heißt das: „Verändere dein Denken, und du veränderst Dein Leben." Eileen erhielt oft Durchgaben wie die folgende:

Das Leben ist das, was du aus ihm machst. Es kann eine wunderbare, freudevolle, lichterfüllte und strahlende Zeit sein, oder das Gegenteil, alles hängt von deiner Einstellung und Sichtweise ab.

Diese unbequeme Wahrheit, die gleichzeitig eine herausfordernde, inspirierende Wahrheit sein kann, wurde oft betont und über Jahre hinweg wiederholt.

Ihr seid jetzt fast am Schluß des alten Jahres,
Eines Jahres, das viel Veränderung gebracht hat.
Alle seid ihr vorangekommen auf dem geistigen Weg,
Viel weiter als ihr denkt.
Könntet ihr zurücktreten
Und euch selbst betrachten,
So könntet ihr es ganz deutlich sehen.
So aber seid ihr ja so dicht zusammen,
Daß es euch nicht gelingt, das Positive zu erkennen.
Ihr seht nur, was euch mißlingt.

Entschließt euch jetzt,
Nur das Positive zu sehen,
Das Beste
In jedem und in jeder Lage.
Schaut aus nach dem Besten
Und gebt euch nicht zufrieden,
Bis ihr es gefunden habt.

Wenn ihr das tut,
Seht ihr alles mit neuen Augen.
Und wenn ihr alles neu seht,
Erschafft ihr alles neu um euch herum.

Es wird manchmal harte Arbeit sein,
In diese neue Perspektive hineinzuwachsen,
Das Alte hinter euch zu lassen.
Doch werdet ihr erkennen,
Daß sich euer ganzes Leben ändert,
Wenn ihr das an jeder neuen Wende versucht.
Wie ihr denkt,
So seid ihr.

Durch euer Denken und eure Haltung
Könnt ihr die Bedingungen
Eures ganzen Lebens bestimmen.
Darum laßt keine Angst,
Keinen Ärger,
Keinen Haß,
Keine Eifersucht,
Keine Sorge,
Keinen Kummer,
Keine Gier
Ins Reich eurer Gedanken dringen.
Seid so erfüllt von Liebe,
Freude,
Wahrem Glück und Freiheit.

Wenn euer Sinn im rechten Zustand ist,
Wird euer Körper frei von allen Schmerzen.
Ihr findet eine neue Lust am Leben,
Das Leben wird ganz neuen Sinn gewinnen.
Die Dinge, die euch banden wie mit Ketten,
Euch niederhielten,
Könnt ihr gleich jetzt zerbrechen,
Wenn ihr es wollt, daß sie zerbrochen werden.

Seid ihr denn sicher, daß ihr sie nicht haltet
Aus irgendeinem Grund:
Vielleicht um aufmerksam auf euch zu machen
Oder aus Sympathie
Oder aus Selbstmitleid?
Seht in eure Herzen
Tief hinein
Und findet die Motive dort.
Nur du und Ich kennen die wahren Motive,
Niemand sonst.
Deshalb können nur du und Ich zusammen
Etwas daran ändern.

Niemals seht eure Lage als hoffnunglos an.
Wenn ihr euch das erlaubtet,
Würdet ihr Begrenzungen erzeugen.
Ihr wißt doch – Ich bin grenzenlos.
Wenn ihr mir Glauben und Vertrauen schenkt,
Können wir alle Dinge gemeinsam tun.

Jetzt ist die Zeit der geistigen Verdichtung,
Wo ihr euch Zeit nehmt, still zu sein,
Wo ihr bei Mir und Meinem Wort verweilt.
Nutzt diese Zeit, die euch geschenkt ist,
In der rechten Weise,
Laßt jeden Augenblick von Mir geleitet sein.

Wenn ihr euch Zeit nehmt, allein mit Mir zu sein,
Kann nur das Beste aus dieser Zeit hervorgehen.
Wenn euer Sein ganz in Mir ruht,
So ruht ihr im Vollkommenen,
Erzeugt Vollkommenes in euch;
Nichts Negatives dringt an den geheimen Ort.

Ihr habt den Schlüssel,
Ihr könnt diesen Ort betreten,
Die Tür von innen schließen
Und dort in Stille und vollkommenem Frieden weilen.

Wenn ihr dann den herrlichen Bewußtseinsstand
Gefunden habt,
Öffnet die Tür weit,
Teilt ihn mit allen, die ihr trefft,
Doch findet ihn zuerst in euch.

Vergeudet keine Zeit noch Energie
Mit zerstörendem und negativem Denken.
Verweilt nur immer bei dem Besten
In allem und in allen, die bei euch sind.
Ich habe euch so oft daran erinnert.

Ihr tut es eine Weile,
Dann vergeßt ihr es
Und erlaubt euch einen winzigen,
Lieblosen, kritischen Gedanken,
Und ehe ihr merkt, was passiert,
Sind eure Schwingungen herabgestimmt.
Ihr werdet deprimiert und trostlos,
Und ihr helft niemandem damit,
Nicht einmal euch selbst.

Die einzige Antwort auf diesen Zustand
Ist, euer Denken sofort zu ändern.
Schaut jetzt und hier des Lebens helle Seite an,
Seht nach dem Guten aus,
Zählt allen Segen,
Anerkennt alles,
Dankt für alles
Und merkt, wie euer Blick sich ändert.
Es wird kein Raum mehr sein für Negatives.

Große Verantwortung ruht in euren Händen.
Es ist eure Sache, was ihr aus dem Leben macht.
Es ist eure Sache, ob ihr einen großen Erfolg erzielt
Oder ob es ein Mißerfolg wird.

Es liegt allein an euch,
Nicht an den äußeren Umständen.
Es liegt daran, was tief in euch vorgeht.
Ihr könnt es richtigstellen –
Jetzt gleich.

Ihr könnt an den geheimen Ort des Höchsten gehen,
Dort findet ihr die Antwort.
Setzt sie um in die Praxis,
Und das schnell:
Dunkelheit wird dann in Licht verwandelt.
Ein jeder Schritt, den ihr tut,
Wird erhellt durch dieses innere Licht,
Das nichts auslöschen kann.

Seid euch immer bewußt der Vitalität eurer Gedanken.
Haltet sie stets rein,
Liebend,
Aufbauend,
Positiv.
Hebt sie heraus aus dem Schlamm des Materialismus,
Der Ichbezogenheit,
Der Selbstgerechtigkeit
In geistige Bereiche.
Laßt eure Seele bei Mir sein.

Negatives Denken, Gedanken des Hasses und der Verstimmung können eurem Gesundheitszustand schädlich sein.

Gesunde Gedanken erzeugen einen gesunden Körper. Bei vielen Menschen sitzen ungesunde Gedanken so tief in ihrem Unterbewußtsein, daß sie, wenn man andeutet, daß ihr Gesundheitszustand durch tiefsitzenden Ärger, Haß oder Angst hervorgerufen sei, das glatt ablehnen würden. Aber Ich sage euch, es ist die Ursache von vielerlei Schmerz und Weh. Wenn sie das nur einsehen könnten und etwas dafür tun würden.

Ihr werdet immer finden, daß eine Person mit gesunder, positiver Einstellung auch einen gesunden Körper hat.

Meine Liebe ist wie die Sonne –
Sie scheint auf alle gleich.
Denn alle sind gleich aus Meiner Sicht.

Es hängt von eurer Wahrnehmung ab,
Wieviel davon ihr aufnehmt.
Je offener ihr seid,
Je freier ihr seid,
Desto mehr ist euch Meine strahlende Liebe bewußt.

Liebe heilt alle Wunden,
Liebe reißt alle Schranken ein,
Liebe wandert und bewegt sich frei,
Wo Engel nicht zu gehen wagen.
Ich bin Liebe,
Ich bin in euch.

Weitet euer Bewußtsein,
Nehmt das an
Und seid immer voll Dank.

Viele Veränderungen in unserer Lebensweise kommen spontan mit dem geistigen Wachstum. Einer der Grundsätze des geistigen Lebens ist, daß wir wachsen und in Bewegung bleiben müssen und vorwärts streben in das Neue. Das erfordert die Anstrengung von uns, uns zu weiten und immer danach zu suchen, das volle Potential unserer göttlichen Natur zu verwirklichen.

Wenn ihr aufhört, euch in die Höhe zu strecken,
Beherrschen euch die Dinge
Und alles kommt zum Stillstand.
Dies Leben besteht darin,
Dich ständig zu weiten und zu strecken.
Es sollte kein Stillsitzen geben.

Es ist wie beim Meer:
Da sollte stets Bewegung irgendeiner Art sein.
Das Leben gleicht nicht einem Teich oder einem See.
Wenn das so wäre,
Würdet ihr nicht sehr weit kommen.
Das Meer aber ist ständig in Bewegung.
Wenn Ich euch rate,
Still zu sein und ganz in Frieden,
So heißt das nicht,
Ihr solltet euch nicht strecken,
Denn in dem Frieden und in der Stille
Könnt ihr viel höher hinaufreichen.

In diesem Leben
Ist immer viel Raum,
Um euch zu strecken und zu weiten
Und immer etwas Neues zu erlernen,
Neue Höhen zu gewinnen.
Das ist es doch,
Was das Leben so spannend und erregend macht,
Denn an der nächsten Ecke
Wartet immer etwas Neues.

Du bist eine Seele, die sich entfaltet.
Spüre dieses Entfalten immer.
Wenn du jemals fühlst, daß du festgefahren bist
Und aufgehört hast, dich zu entfalten,
Nimm dir Zeit herauszufinden, was geschehen ist,
Wo du versäumt hast, etwas zu erledigen,

Wo du aufgehört hast, dich weiter zu strecken.
Wenn du nachgedacht und den Grund gefunden hast,
Finde die Antwort
Und tue etwas dafür ohne Verzug.

Das Entfalten sollte langsam und sicher sein.
Nie siehst du eine Blume sich im Sonnenschein entfalten.
Es geschieht ganz sanft und langsam,
Stück für Stück.
Sie offenbart ihre Schönheit,
Ohne daß du dessen gewahr bist,
Bis du es schließlich merkst
Und erstaunt bist über dieses Wunder,
Diesen Glanz.
So ist es auch bei dir,
Wenn deine Seele sich entfaltet.
Wunder sind verborgen,
Um sich zu enthüllen und zu offenbaren.

Wenn du eine Rosenknospe nimmst
Und durch die Mitte hindurch aufschneidest,
Wirst du bitter enttäuscht sein,
Denn diese Knospe hatte keine Zeit,
Sich zu entwickeln und zu entfalten.
Ihre Farben,
Ihre Schönheit,
Ihre Vollkommenheit
Werden zerstört durch diesen plötzlichen
und harten Eingriff.

So ist es auch mit der Seele.
Sie muß sich entfalten
In ihrem eigenen vollkommenen Rhythmus,
Um ihr wahres Wunder und ihre Schönheit zu offenbaren.
Nie sollte eine Seele gestoßen und geschoben werden.
Hilfe soll man nur geben,
Wenn sie darum bittet.

Ich habe nie versucht, Mich dir aufzudrängen,
Wenn du deinen eigenen Weg gehen
Und dein eigenes Leben leben wolltest.
Du kannst das immer tun,
Ohne daß Ich die Stirn runzle,
Damit du Meinen Weg gehst.
Du weißt aber auch,
Daß, wenn du Mich und Meine Hilfte brauchst,
Du danach rufen kannst,
Sehr laut –
Oder mit dem stillen Ruf in deinem Herzen,
Der Mich genau so schnell erreicht.
Ich bin immer da,
Bereit zu helfen auf jede mögliche Weise.

Wenn du nach Meiner Hilfe rufst,
Tu es mit offenem Herzen und Gemüt,
Mit dem Entschluß zu tun,
Was Ich auch immer fordern werde.
Gehorsam ist so ungeheuer wichtig
Für eine Seele, die nach Meiner Hilfe ruft.
Ich kann nur Wunder wirken,
Wenn ich unbedingten Gehorsam habe.

Suche nur immer, und du wirst finden,
Und was du finden wirst,
Wird immer Meine beste Lösung für deine Nöte sein.

Änderung des Bewußtseins betrifft nicht nur uns selbst. Wenn ein Mensch sich ändert, ändert sich auch die Gemeinschaft. Wenn sich die Menschheit ändert, ändert sich auch die Welt.

Betretet den geistigen Weg
Mit Frieden im Herzen für alle Menschen,
Denn gesegnet sind die Friedensstifter.

Nur wenn alle Menschen Frieden in ihrem Herzen tragen,
Wird Frieden werden in der Welt,
Und aller Streit hört auf.

Vereinigt euch in Frieden und Verstehen.
Fangt damit an, Frieden in euch selbst zu schaffen,
Dann Frieden zwischen euch,
Dann Frieden mit allen, die ihr trefft im Tageslauf.
Von da aus sendet Frieden aus,
Immer mehr Frieden.
Tut es bewußt!
Seid bestimmt dabei.
Sendet ihn aus zu Gefahrenpunkten der Welt.
Je mehr von euch das tun,
Desto schneller wird es wirksam werden.

Die Mehrheit der Menschen sehnt sich nach Frieden.
Doch viele verstehen nicht, daß er in ihnen selbst beginnt.
Je eher sie sich entscheiden
Und Frieden finden in Herz und Sinn,
Umso mehr sind sie fähig, Frieden zu schaffen,
Bis jede und jeder zu Friedensstiftern werden.

Denkt Frieden,
Lebt Frieden
Und bringt so Frieden in die Welt.

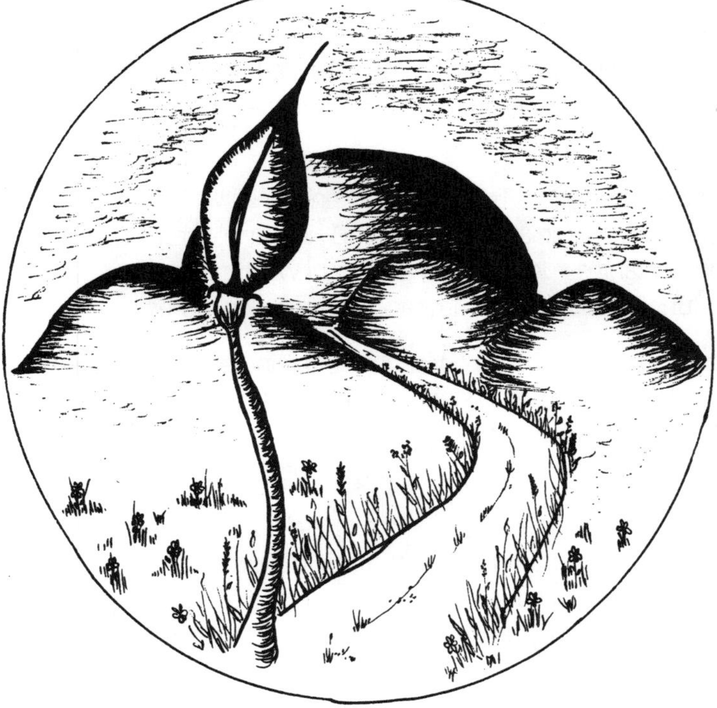

6. Zukunft

Mir wurden einige Samenkörner gezeigt, die in ein großes Feld gepflanzt wurden. Ich dachte, wie verloren sie aussähen. Dann zeigte man mir den Prozeß des Wachsens, des Blühens und des Abfallens der Samen. Das ging immer weiter, bis das ganze Feld mit schönen Pflanzen bedeckt war.

Ich hörte diese Worte:
Seid guten Mutes.
Das ist, was hier geschieht an diesem Ort.
Aus kleinstem Anfang geht ein großes Werk hervor
Und geht hinaus und durch die ganze Welt.
Mein Reich ist gekommen.
Mein Werk wird jetzt getan auf Erden wie im Himmel.
Freut euch, freut euch, freut euch.

Als Peter und Eileen seinerzeit angewiesen wurden, mit ihrem Wohnwagen nach Findhorn Bay Caravan Park zu gehen, dachten sie, das würde vielleicht für ein paar Wochen, höchstens aber für ein paar Monate sein.

Sie wußten, daß es Teil des göttlichen Planes war, daß sie dorthin gehen sollten. Sie ahnten nicht, daß sie hier bleiben sollten. Es war so ungefähr der letzte Platz, den sie gewählt hätten, um das Werk zu tun, für das sie zusammengeführt worden waren.

Damals wußten sie nicht, warum sie dahin gehen sollten. Sie konnten über diesen ersten Schritt hinaus nicht in die Zukunft sehen. Sie mußten Dinge lernen, die ein grundlegendes Training für die Zukunft waren, vielleicht ganz besonders diese drei Dinge:

Gott und Seinen Willen an erste Stelle zu setzen;
Der inneren Stimme Schritt für Schritt zu folgen;
Vertrauen zu haben, daß Gott alle ihre Bedürfnisse
befriedigen würde.

Diese Anweisung wurde Eileen immer und immer wieder gegeben, bis sie sie gelernt hatten. Und sie galt nicht nur für sie selbst, sondern auch für die vielen, die in den kommenden Jahren nach Findhorn kommen sollten.

Ihr könnt nicht sehen,
Was die Zukunft für euch bereit hält.
Das schadet überhaupt nicht.
Alles was dabei herauskäme,
Wenn ihr in die Zukunft sehen könntet,
Wäre, daß es euch ein Gefühl der Sicherheit gäbe.
Aber eure Sicherheit liegt bei Mir
Und das einzig Wichtige ist,
Daß ihr Meinen Willen tut.

Ihr erkennt immer mehr,
Daß es am besten ist,
Von einem Tag auf den anderen zu leben.
Vorauszuplanen ist für euch ganz zwecklos.

Ihr könnt nicht zu weit vorausplanen,
Denn so wie sich eine Tür öffnet,
Wird sich die nächste auftun.
Seid nur willens, einen Schritt
Nach dem anderen zu machen.

Ich weiß, daß euch der Gedanke an die endlose Anstrengung manchmal müde und verzweifelt macht.

Es liegt daran, daß ihr nicht im Augenblick leben könnt. Immer wieder denkt ihr voraus und findet, daß alles, alles ganz unmöglich ist.

Es ist aber nicht nötig, vorauszuschauen. Alles, was Ich von euch will, ist, daß ihr jeweils nur einen Schritt tut, und daß ihr euch daran freut. Fühlt die Heiterkeit, den Triumph dabei.

Jeder Schritt sollte spannend für euch sein. Leben, das richtig gelebt wird, ist nie langweilig.

Wißt, daß jeder einzelne Schritt,
Unter meiner Führung getan,
Früchte trägt zu seiner Zeit.
Selbst wenn es scheint,
Der Samen sei auf unfruchtbaren Grund gefallen.

Der Grund kann nicht für immer unfruchtbar bleiben.
Ich sorge, daß er vorbereitet wird,
Bevor Ich euch bitte, den Samen zu säen.
Die Samen werden vielleicht langsam keimen,
Doch soll man sie in Ruhe lassen.

Alles Tun sollte unter Meiner Führung stehen,
Ungeduld kann sonst etwas verderben,
Das, allein gelassen,
Sich sehr gut entwickeln würde.
Immer müßt ihr lernen, mit allem Geduld zu haben.
Wenn ihr einen Schritt getan habt
Unter Meiner Führung,
Tretet zurück und wartet, was da entsteht.

Manchmal drehen Räder sich nur langsam;
Wißt aber, daß sie sich dennoch drehen.

Ihr werdet merken, daß jede Vision, die Ich Peter gebe
Und die diesen Ort betrifft,
Sich erfüllen wird.
Ich muß sie ihm in kleinen Stücken geben,
Einfach der hemmenden Gedanken wegen,
Die ihr so leicht im Innern hegt.

Ich brauche euch alle so sehr!
Ich fühle Mich manchmal zurückgestoßen,
Weil ihr euch weigert zu erlauben,
Daß Ich euch Meine Wunder zeige.

Ihr wißt doch, daß eine ganze Welt darauf wartet,
Erkundet und enthüllt zu werden,
Und alles, was ihr tun müßt,
Ist offen zu sein für Mich
Und Meinem Wort zu folgen.

Andererseits erhielt Eileen wenige Wochen später eine Botschaft für Peter, die zeigte, wie notwendig das Gleichgewicht zwischen Vision und Geduld ist.

Sage Peter, er soll nicht zu rasch vorgehen. Jedes kleinste Teilchen in meinem großen Plan wird sich nach und nach öffnen. Was ihr hier alle tut, ist viel größer als ihr es wißt.

Es ist gut, daß Peter Augen und Ohren offen hält und seine Fühler ausstreckt, aber er soll nicht über den großen Fluß springen, ehe nicht alle kleinen Bäche überquert sind.

Die Zukunft braucht viele Seelen, und bis diese Seelen erwacht sind und erkannt haben, wo ihr Platz in diesem Plan ist, liegt die ganze Last auf eueren Schultern, und die Arbeit ist nicht gleichmäßig verteilt. Darum soll nicht zuviel auf einmal unternommen werden.

Das ganze Vorhaben wird sich entfalten. Ihr könnt dessen versichert sein.

Verschiedene Seelen werden hierher gezogen
Wie Stahl vom Magneten.
Baut weiter,
Habt Vertrauen, daß alles sehr, sehr gut ist,
Daß die Räder Zeit brauchen,
Um sich zu drehen.
Wenn ihr etwas nötig habt,
Wißt, daß dem schon abgeholfen wird.
Ihr müßt lernen zu vertrauen,
Daß Ich um all eure Nöte weiß
Und für euch sorge.
Aber ihr
Müßt sie im festen Glauben
Deutlich zeigen.

Keiner von euch hat eine Vorstellung von der riesengroßen Aufgabe, die vor euch liegt. Ich werde sie nur Stück für Stück offenbaren.

Ihr seid geschult worden, ihr habt die Eigenschaften, die ihr für das gewaltige Werk braucht, und ihr werdet es weiterführen bis zum endlichen Gelingen. Und groß wird die Freude sein.

Geht also Schritt für Schritt weiter in dem Wissen, daß, was immer auch kommen mag, der Sieg euch sicher ist.

Flüchtige Einblicke in die Zukunft wurden Eileen manchmal in der Stille zuteil, wenn sie der inneren Stimme lauschte. Die Vision von Findhorn und der Arbeit, die sie tun sollten, begann Form anzunehmen. Es war aber doch alles noch recht vage und unbestimmt, denn noch waren sie nicht soweit, die ungeheure Größe dessen, was sie begonnen hatten, zu erkennen.

1964 empfing Eileen diese Weisung:

Schränkt Mich nie ein.
Ich habe jedem von euch so viel zu enthüllen,
Und das einzige, was Mich hindert,
Ist die Art, wie eure Gedanken Mich einschränken.

Zum Beispiel heute morgen,
Als Peters Vision für diesen Ort sich weitete
Und er begann, die Möglichkeiten zu erkennen,
Diesen Ort auszudehnen.
Einen Augenblick lang habt ihr die Vision geschaut,
Dann begannen eure Gedanken zu arbeiten
Und die Vision zu begrenzen.

Bereitet euch immer vor auf die Zeit,
Wo die Räder sich drehen werden
In voller Schnelle.
Jetzt ist die Zeit der Vorbereitung und der Festigung,
Die Zeit, das Zentrum aufzubauen.

Alles muß erbaut und ausgeführt werden,
Nichts geschieht rein zufällig.
Habt Geduld.
Wißt, daß alles gut ist,
Daß alles in die richtige Richtung fließt.

Wenn Ich fordere, daß etwas geschehen soll,
So werde ich es ganz klar sagen.
Dann muß sogleich damit begonnen werden,
Was auch immer es sei,
Die Ausführung in Gang zu setzen.

1965 wurde es klar, daß eine neue Phase begann:

Ich habe euch gesagt, daß ihr mit immer mehr Menschen in Kontakt kommen würdet. Die Zeit der Abgeschlossenheit ist vorüber.

In diesen Jahren, wo ihr abgeschlossen wart von allen Kontakten nach außen, habt ihr manches Unschätzbare gelernt, das ihr nun in die Tat umsetzen und schätzen werdet.

Vieles wird sich nun öffnen,
Was verschlossen war über Zeitalter hinweg.
Erwartet nun seltsame, wunderbare Dinge.
Erwartet ungeheure Veränderungen
Hier in diesem Zentrum,
Änderungen immer nur zum Besten,
Ein Sich-Öffnen,
Eine rasche Ausweitung.

Auf keinen Fall dürft ihr etwas dazu tun.
Bleibt nur mit denen in Kontakt,
Die Ich an euer Herz gelegt habe.
Fühlt die Ausweitung die ganze Zeit
Und seht, wie sie zutage tritt.

Dies hier ist ein Zentrum für Seelen voller Hingabe.
Nur jene, die Mir voll ergeben sind,
Sind fähig, in diesen Schwingungen zu leben.
Neue Kraft ist freigesetzt worden.
Doch sorgt euch nicht:
Die Kraft ist kontrolliert und wird gezügelt.

Bedenkt, nicht ihr habt diesen Platz gewählt,
Ich habe das getan.
Es ist gut, daß er nicht leicht erreichbar ist.
Es kommen so nur solche Menschen her,
Die entschlossen sind, hierher zu kommen.
Alle müssen von ganzem Herzen ergeben sein,
Halbherzige haben hier keinen Platz.
Mein Werk verlangt sie ganz.

Obwohl sie nun wußten, daß sich vieles ändern würde, hatten sie doch keine klare Vorstellung, wie diese Veränderungen aussehen würden. Eines hatte man ihnen gesagt: daß ihre Zahl anwachsen würde, weit über alles hinaus, was sie sich je vorgestellt oder gewünscht hatten.

Eure Gruppe wird nicht bleiben, wie sie ist.
Sie wird wachsen und wachsen,
Bis ihr die rechte Anzahl seid;
Dann braucht keiner
Die doppelte oder dreifache Arbeit zu tun.
Jeder wird auf seine Weise arbeiten.
Die Kraft, auf ein Ziel gerichtet,
Wird darum ungeheuer sein.

Merkt ihr nicht, daß ihr als Gruppe
Das Leben Tausender beeinflußt?
Die Art, wie ihr lebt,
Wie ihr handelt,
Die Gedanken, die ihr aussendet,
Das Werk, das ihr im Innern tut,
Sind sehr kraftvoll
Und können nicht nur im Innern bleiben.
Fürchtet euch nicht vor der großen Verantwortung,
Die Ich euch als Gruppe auferlegt habe.

Seid ihr nicht durch Jahre
Auf dieses Werk vorbereitet worden?
Habe Ich euch nicht sanft hierher geleitet?
Begreift nun ganz die Macht des Werkes,
Das ihr für Mich tut
Und tut es freudig.
Ihr werdet Resultate sehen.

Laßt keinen Zweifel in euer Denken dringen.
Dehnt euer Denken aus.
Es wird euch nicht leicht werden.
Ihr liebt die kleinen Dinge,
Und Ich verlange von euch, große Dinge zu sehen.
Weitet euer Bewußtsein in jede Richtung
Und seht, daß mit Mir alle Dinge möglich sind.
Macht euch ein Bild von diesem Ort,
Haltet es im Bewußtsein,
Verwirklicht es,
Indem ihr alle Hindernisse beiseite räumt.

Jeder von euch kann seinen Teil dazu beitragen,
Indem er positiv von diesem Orte denkt,
Indem er die Vision im Sinn behält,
Die Ich von Zeit zu Zeit euch sehen ließ:
Von Menschenmengen, die hierher gezogen werden,
Und wie das ganze Gebiet immer größer wird.
Behaltet den Plan für diesen Ort im Auge
Und seht, wie er sich allmählich verwirklicht.

Die Kugel ist ins Rollen gekommen,
Und nichts wird sie aufhalten.
Sie wird immer größeren Schwung bekommen.
Die Kraft, die sich angesammelt hat, ist gewaltig
Und unbezwinglich.
Ich habe euch die Vision gegeben
Von Hunderten und Tausenden, die hierher drängen.
Dies wird geschehen, viel schneller als ihr denkt.

Euch ist die Vision gegeben worden von der Expansion und dem Wachsen dieses Zentrums. Ihr habt gezeigt bekommen, wie ein Wohnwagen nach dem anderen aufgestellt wird an verschiedenen Stellen.

Ihr wißt, daß das geschehen wird, wenn ihr auch nicht wißt, wie das zustandekommt, wie ihr auch nicht wißt, wer in diesen Vorgang verwickelt ist.

Aber das braucht euch nicht zu kümmern. Ihr wißt, daß es kommt, und zwar sehr schnell.

Es ist in dieser ganzen Zeit ungeheuer viel zu tun, und Kraft wird ständig von hier ausgestrahlt. Wie groß die magnetische Kraft ist, werdet ihr in der kommenden Zeit an der großen Zahl der Menschen spüren, die hierher gezogen werden.

Die Kraft dieses Ortes ist ungeheuer
Und wird ständig erhöht.
Sie ereignet sich einfach:
Sie kommt aus dem Geist,
Der Mensch kann sie daher nicht kontrollieren.

Diese Kraft wird sich weithin verbreiten,
Und vieles wird sich dauernd ändern.
Seid bereit für einen großen Schwung nach vorn,
Seid gefaßt auf viele, viele Leute,
Die es hierher zieht,
Die hier sein wollen.

Viele Augen werden geöffnet
Und werden Meinen Glanz und Meine Macht erkennen
Und werden Meine Wege wandern.
Die unwahrscheinlichsten Leute werden kommen.
Richtet niemand,
Seht Meine Hand in allem, was geschieht.

Das Wachstum dieses Zentrums gleicht dem Aufblühen einer schönen Rose. Es geht sehr langsam vor sich, doch ehe man sich versieht, ist die Knospe, die vor kurzem noch fest geschlossen war, ganz aufgeblüht.

Das ganze Werk entwickelt sich und wächst viel schneller als ihr es merkt. Die Kugel ist nun richtig ins Rollen gekommen, und nichts und niemand kann sie aufhalten.

Laßt das Herz dieses Zentrums stetig schlagen, in stetem und festem Rhythmus, und das Lebensblut fließt durch die Adern des ganzen Werkes. Alles wurzelt in Mir. Alles wird geleitet und geführt von Mir.

Der Plan liegt in den höheren Ebenen vollkommen entwickelt bereit und wird Schritt für Schritt herabgebracht auf die Erde und in dieses Zentrum.

Alle Meine Versprechen werden eingelöst.

Anfang 1967 wurde es Peter und Eileen klar, daß sie tatsächlich etwas Ungeheures begonnen hatten, aber sie konnten noch nicht sehen was es genau war, und was daraus entstehen würde. Ohne etwas von den Einzelheiten zu wissen, konnten sie verschiedene Aspekte des Zentrums unterscheiden, Eigenschaften, die Findhorn zu einem einzigartigen Ort machen sollten:

1. sie erprobten eine neue Art zu leben für die ganze Welt;

2. Findhorn war ein Platz des Zusammenführens und der Integration, wo viele verschiedene Menschen fähig sein würden, sich in Liebe und Harmonie miteinander zu vereinigen und zu arbeiten;

3. es war ein Ort der Veränderungen, der weiter wachsen und sich entwickeln würde unter der Führung des göttlichen Geistes.

Ihr könnt jetzt noch nicht sehen, in welcher Form das Werk weitergehen wird, aber macht euch deswegen keine Sorgen. Laßt es einfach sich ganz natürlich und allmählich öffnen. Macht euch aber klar, daß alles sich verstärkt – aber nicht zu schnell, damit ihr nicht überwältigt werdet.

Die Funktion dieses Zentrums ändert sich auch. Nicht länger gilt es, einem vorgeschriebenen Plan zu folgen, ihr sollt vielmehr dem Geist erlauben, euch im jeweiligen Augenblick neu zu führen.

Jetzt ist eine Zeit des großen Zusammenfindens aller, die für das Licht arbeiten. Alles beschleunigt sich, und nichts kann den Fortgang dieses Ortes und dieses Werkes aufhalten, denn alles wird getan zu Meiner Ehre und zu Meinem Ruhm.

Die Ergebnisse werden wirklich sehr weit reichen, und der Name dieses Ortes wird in vieler Munde sein.

Dies ist Meine Festung. Junge und Alte wird es hierher ziehen. Alle Nationen, alle Hautfarben, alle Glaubensbekenntnisse werden hier in Frieden und Harmonie zusammen sein, und das Licht und die Liebe werden stärker werden.

Der Glanz Meines Reiches wird den Ort füllen, und Meine Liebe wird fließen wie ein rascher Fluß. Alle sollen es wissen und fühlen und werden ewig Dank sagen.

Erwartet wundervolle, überraschende Dinge,
Die sich hier ereignen werden –
Weit über das hinaus, was ihr euch vorstellt.
Seht es weltweit.

Es wird über die Welt fegen wie eine mächtige Flamme.
Seht, wie sich die Wahrheit
In die Herzen und Sinne
Meiner Kinder überall hineinbrennt.

Wenn euer Denken sich weitet,
Wenn ihr beginnt, große Gedanken zu denken
So verwirklicht ihr sie nach und nach.

Das ganze Werk hier muß sich wandeln,
Sich ausbreiten,
Wachsen in Kraft und Stärke.
Aus wenigen werden viele.
Die Saat ist reif,
Die Zeit der Ernte ist da.

Viel ist noch zu tun,
Aber es werden viele Hände sein, die helfen,
Und es wird hell und fröhlich sein.
Viele werden ihren Platz erkennen
Und sich einordnen.
Allem Bedarf wird Rechnung getragen.

Aus einem kleinen Saatkorn
Ist ein mächtiger Baum gewachsen.
Der Platz wird auf der ganzen Welt bekannt,
Nichts kann es mehr aufhalten.
Nichts kann den Weg verbauen
Für die große spirituelle Wiedergeburt.

Wenn man die Geburt eines Babys betrachtet, ist es schwer zu verstehen, daß es begonnen hat mit einer winzigen Zelle, um dann in jeder Einzelheit vollkommen geboren zu werden.

So ist es auch mit dem, was hier geschieht. Es wächst und entwickelt sich in Vollkommenheit. Man kann es nicht drängen und hetzen. Es muß sich entfalten wie eine vollkommene Blume.

In den Jahren 1968 und 1969 wurde deutlich, daß das Werk, das in Findhorn in Gang gesetzt worden war, von viel größerer Bedeutung war und größere Möglichkeiten enthielt, als irgend jemand hatte voraussehen können. Es war ja nicht nur etwas Neues entstanden, vielmehr war ein schöpferischer Prozeß begonnen worden, der weiterging und an Schwung zunahm, und von dem niemand sagen konnte, wie die nächste Stufe seiner Entfaltung aussehen würde. Denn dies war keine Sache der Menschen, und es konnte nur erklärt werden als der göttliche Plan, der von der göttlichen Macht ausgearbeitet worden war und ausgeführt wurde durch Menschen, die als Instrumente dienten.

Ich will, daß ihr dieses Zentrum des Lichts anseht als eine stetig wachsende Lichtzelle. Es begann mit einer Familiengruppe, jetzt ist es eine Gemeinschaft. Es wird zu einem Dorf werden, dann zu einer Stadt und schließlich zu einer riesigen Lichtstadt.

Es wird stufenweise wachsen und sich sehr rasch ausbreiten. Weitet euch mit dieser Expansion. Die Fundamente reichen sehr, sehr tief und sind auf Fels gebaut. Deshalb macht es nichts aus, wie schnell das Wachstum vor sich geht oder wie groß es wird.

Laßt alle Angst beiseite, es könnte euch aus der Hand gleiten. Ich versichere euch, daß das nicht geschieht. Aber es wird wachsen, aufblühen und dann in voller Blüte stehen, und alle werden die herrlichen Früchte sehen. Alle werden Meine Hand in diesem Wachstum erkennen.

Laßt alles sich ganz natürlich entfalten, laßt Mich eure Bedürfnisse wissen, und ich werde sie erfüllen. Ihr steuert rasch in eine neue Phase des Werkes, eine ganz wunderbare Phase.

Veränderungen ereignen sich in Findhorn so schnell, daß man jederzeit sagen könnte, daß wir „in eine neue Phase des Werkes eintreten". Da ist die Forderung, uns „mit der Expansion zu weiten". Für die, die das nicht können, ist Findhorn ein Ort, an dem sie unmöglich längere Zeit bleiben können.

Es ist nicht wichtig herauszufinden, wie die Expansion erfolgen soll, ob es buchstäblich eine Erweiterung des Areals ist oder ein neuer Aspekt des New-Age-Lebens, der sich entfalten will. Das Wesentliche ist die besondere Art des Glaubens der Menschen in Findhorn und ihre Bereitschaft und Fähigkeit, mit den Änderungen, die kommen, mitzugehen.

Versucht daran zu denken, daß alles, was ihr in diesem Zentrum tut, nicht für euch selbst getan wird, sondern für Mich.

Natürlich werdet ihr die Früchte alles dessen, was getan wird, genießen, denn das ist der Gang der Dinge; doch zuallererst tut alles um Meinetwillen, oder weil Ich euch darum gebeten habe. Nehmt nichts für euch selbst.

Dann werdet ihr verstehen, was Ich meine, wenn Ich sage: Alles, was Ich habe, ist euer. Ich arbeite in euch und durch euch, um Meine Wunder und Zeichen hervorzubringen. Erwartet sie einfach und seht, wie sie zustande kommen.

Die ganze Expansion dieses Zentrums ist eine Demonstration, wie Meine göttlichen Gesetze sich verwirklichen.

Nennt es Wunder. Nennt es, wie ihr wollt. Lebt und bewegt euch und bleibt in Meinen göttlichen Gesetzen, dann kann alles geschehen.

Es gibt überhaupt keine Begrenzung, darum erwartet, daß diese scheinbar erstaunlichen Dinge sich immerzu ereignen. Ich kann alle Dinge tun in denen und durch die, die Mich lieben und Meinem Worte folgen.

Dieses Mein Zentrum des Lichts
Wird wachsen und sich weiten,
Und das geschieht sehr schnell.

Fühlt, wie ihr wachst und euch weitet mit ihm.
Fühlt die reine Freude, die Erregung, wenn dies geschieht.
Fühlt euch als Teil des Ganzen.
Gebt so euer Bestes zu dem Ganzen.

Es ist ein wunderbares, wunderbares Leben.
Ihr alle seid sehr gesegnet
Und sehr bevorzugt,
Daß ihr leben dürft in dieser Zeit
Und tun dürft, was ihr tut.
Ihr leitet das Neue Zeitalter ein.

Nachwort

Eileen Caddy, der Mitbegründerin der Findhorn-Lebensgemeinschaft im Norden Schottlands, wurden seit vielen Jahren in der Stille Weisungen zuteil, mit deren Hilfe sie ein sehr bewegtes Leben und zugleich eine bedeutende Aufgabe im New Age meistern konnte.

Aus diesen Weisungen, die Eileen vor allem in den Nachtstunden erhielt, sind mehrere Bücher entstanden, welche die Menschen veränderten, die sie lasen. Bereitschaft zur Wandlung ist eines der Schlüsselworte für dieses Buch und für die Findhorn-Gemeinschaft, welche wie die gesamte New-Age-Bewegung davon ausgeht, daß diese unsere Welt so ganz anders, soviel positiver, soviel harmonischer, ja göttlicher sein kann als sie heute erscheint.

Die Findhorn-Gemeinschaft basiert auf jenem starken Glauben, daß die Welt und ihre Menschen sich in diesem Sinne wandeln können, wandeln lassen, und gibt mit ihren über 200 Menschen zugleich ein herausragendes Beispiel hierfür. Ein Beispiel aber auch für die Kraft hinter jenen Worten, die hier von dem Findhorn-Mitglied Roy McVicar zusammengestellt wurden. Der erste Band dieser Reihe erschien unter dem Titel "God spoke to me" (Gott sprach zu mir) im Jahre 1968 und machte die damalige kleine Findhorn-Gemeinschaft bekannt.[1]

Das vorliegende Buch ist eine weitere in deutscher Sprache erscheinende Sammlung von Weisungen, welche Eileen Caddy durch die „innere Stimme“ zuteil wurden. Mancher Leser wird sich Fragen gestellt haben: Fragen nach der Person und dem geistigen Hintergrund von Eileen selbst, Fragen nach ihrem Leben und nach der Gründung und Entwicklung der Findhorn-Community wie überhaupt nach der New-Age Bewegung. Und schließlich die ebenso zentrale Frage nach dem Wesen dessen, was hier „Weisungen" und „Innere Stimme" genannt wird, und wie man diese in sich und seinem eigenen Leben finden und manifestieren kann. Im folgenden soll versucht werden, dem Leser, der dessen bedarf, wenigstens eine Orientierungshilfe zu geben.

Zur New-Age-Bewegung, die davon ausgeht, daß unsere Generation an den Toren eines Neuen Zeitalters (englisch: New Age), eines neuen Menschen, eines neuen Bewußtseins steht und sich westliche und östliche spirituelle Quellen gleichermaßen erschließen möchte, sei auf das Buch von George Trevelyan, „Eine Vision des Wassermannzeitalters"[2] verwiesen. In Eileens erstem vorerwähnten Buch findet sich hierzu einmal die folgende Aussage:

Dies ist eine bedeutsame Zeit in der Entwicklung des Menschen. Der Vorhang reißt entzwei, und was durch die Zeitalter verborgen war, wird nun enthüllt. Die Geheimnisse der Weisen werden nicht länger Geheimnisse bleiben, denn alle sollen davon wissen.

Das Buch des Lebens ist nun geöffnet, und die darin enthaltenen Wahrheiten werden ans Licht gebracht, um für alle Menschen sichtbar und nutzbar zu sein. Offenbarung auf Offenbarung wird nun kommen. Meine Glorie soll sich nun auf Erden zeigen... Öffnet eure Augen... Die Zeit ist zur Hand, da jene Worte Wirklichkeit werden sollen: „Der Sohn Gottes wird erscheinen voll der Herrlichkeit"... Seid bereit, denn kein Mensch kennt den Tag und die Stunde.

Die Anhänger der New-Age-Bewegung richten ihr Interesse nicht so sehr auf zu erwartende drastische Veränderungen auf dem äußeren Plan als auf jene vorbotenartig schon spürbaren geistigen Impulse auf dem inneren Plan, und sie sind bemüht, sich von den untergehenden Mustern und Rollen des „Alten Zeitalters" zu lösen, innerlich frei und wahrhaftig zu werden, vom Glauben zum Erkennen aus eigener Erfahrung zu gelangen, für eine innere Führung bereit zu sein und Gott nicht als eine Instanz fern außerhalb, sondern zugleich innerhalb des eigenen Seins zu begreifen und ihr Raum zu geben, bis in das alltägliche Tun und Lassen hinein.

* * *

Im folgenden sollen uns die wichtigsten Stationen im Leben von Eileen Caddy beschäftigen, die zugleich einen gewissen Eindruck von der Entwicklung und dem Stand der Findhorn-Gemeinschaft vermitteln.

Wer vom Schicksal zu einer so ungewöhnlichen Aufgabe wie der Gründung der Findhorn-Community berufen war, dessen Lebensweg mußte übliche Bahnen und Muster verlassen.
Ich möchte als Motiv eine Vision von Eileen voranstellen:

Ich sah einen Töpfer etwas formen, was ausschaute wie ein Kelch. Ich sah ihn wieder und wieder formen, bis er mit Größe und Gestalt zufrieden war. Ich sah den Töpfer dann die weiteren verschiedenen Prozesse durchführen, aber am Ende, wenn es fertig zu sein schien, hatte das Werk einen Sprung oder eine Blase, und es mußte verworfen werden.
Mit unendlicher Geduld sah ich ihn sein Werk wiederum beginnen, bis ihn volle Zufriedenheit mit dem Geschaffenen erfüllte.

Ich hörte die Worte: Wenn Ich einmal Meine Hand auf dich gelegt habe, werde Ich dich niemals, niemals lassen, bis Ich Mein Werk vollendet habe. Friede sei mit dir.[3]

Eileen wird gegen Ende des 1. Weltkrieges in Alexandrien (Ägypten) in ein glückliches Heim geboren. Ihr Vater stirbt, als sie

16 Jahre alt ist; er wird als tief spiritueller Mensch geschildert. Ein Jahr später zieht die restliche Familie zurück nach England, wo wenig später auch die Mutter stirbt. Kurz nach Ausbruch des 2. Weltkrieges lernt Eileen ihren ersten Mann kennen, Andrew Combe, einen jungen Offizier. Eileen lebt das typische Leben einer englischen Hausfrau, deren Mann in der Armee ist. Nacheinander bringt sie fünf Kinder zur Welt, mit denen sie nach Beendigung des Krieges ihrem Mann in den Irak folgt, wo dieser stationiert ist. Andrew wird Mitglied der Moralischen Aufrüstung und bemüht sich um deren viele Ideale: absolute Selbstlosigkeit, Reinheit, Liebe und Wahrhaftigkeit. Während Andrew sich immer mehr dieser Organisation widmet, hält sich Eileen zurück. Eine erste Ursache für eine Entfremdung zwischen den beiden ist geschaffen. Zu diesem Zeitpunkt tritt Peter Caddy in ihr Leben. Nichts ist bisher geschehen, was äußerlich anzeigen könnte, daß sie später einmal Mitbegründerin einer so außergewöhnlichen Gemeinschaft sein würde, wie es die Findhorn Community ist.

Der Vater von Peter Caddy ist ein treuer Methodist, der vergeblich versucht, seine orthodoxe Lehre dem spirituell interessierten Sohn aufzuzwingen. Siebzehn Jahre alt, beginnt Peter eine fünfjährige Ausbildung bei einem großen Lebensmittel-Konzern. Dort trifft er seinen späteren Schwager, der ihn mit der Fraternitas Rosae Crucis in Verbindung bringt, wo er erstmals esoterisches Wissen aufnehmen kann von seinem Lehrer Dr. Sullivan.

28 Jahre alt ist Peter Caddy am Ende des 2. Weltkrieges, und er hat nicht nur eine beachtliche Karriere als Verpflegungsoffizier hinter sich, sondern auch eine „Pilgerreise" zu einem schwer zu erreichenden Ziel, der 4000 m hoch gelegenen Klosterstadt Gjang-tse, vollendet. Aber Tibet schweigt. Peter weiß, daß nun die Reise nach Innen beginnen muß. Nach dem Krieg zurückversetzt nach England, trifft er auf Sheena Govan, die für die folgenden fünf Jahre seine spirituelle Lehrerin, Geliebte und Frau wird.

Bevor er in den mittleren Osten versetzt wird, teilt ihm Sheena mit, daß ihr intuitiv eröffnet worden sei, daß sie nicht länger eine normale Ehe führen könnten. Seine Lehrzeit sei zu Ende, ein neues Leben würde für Peter beginnen. Mehr wurde nicht gesagt.

Wenig später lernte Peter das Ehepaar Andrew und Eileen Combe im Irak kennen. Er registrierte sofort eine gewisse Verbindung zu dieser Frau, ohne jedoch besondere Gefühle für sie zu empfinden. Man traf sich hin und wieder. Während eines Aufenthaltes in Jerusalem wurde Peter klar, daß ihm Eileen als Partnerin bestimmt war. Er widersetzte sich dieser Erkenntnis, schließlich war Eileen verheiratet und hatte Kinder. Auf der anderen Seite wollte Peter offen sein für das, was das Schicksal ihm bringen würde. Bei einem späteren Treffen war es soweit, daß Peter Eileen von seinem Erlebnis in Jerusalem erzählte. Eileen verstand nicht; der Gedanke, ihre Ehe aufzulösen, erschien ihr unverantwortlich. Einige Zeit später geschah es doch, wobei das Schicksal mit der Herbeiführung verschiedener Umstände offensichtlich nachhalf. Eileen, die diesen Schritt letztlich im Zwang einer innerlich reifenden Einsicht vollzog, lebte zunächst mit ihren Kindern in England, bis Andrew ihr diese während ihrer Abwesenheit wegholte. Noch viele Jahre sollte Eileen unter diesem unvermuteten und ungewollten Verlust leiden. Siebzehn Jahre ließ die Aussöhnung mit der Vergangenheit auf sich warten.

***

Mit dieser Trennung war zugleich der Abschied vom „Alten Zeitalter" vollzogen. Eine Reise mit unbekanntem Ziel hatte begonnen. Noch ratlos traf sich Eileen mit Peter und Sheena in Glastonbury. In einer privaten Kapelle bemühte sich Eileen, sich von ihrer seelischen Not zu distanzieren und die innere Ruhe zu finden. In der Meditation hörte sie aus der Stille heraus eine klare Stimme sprechen: „Sei still und wisse, daß Ich Gott bin". Tiefe Stille.

Niemand hatte gesprochen. Und wieder hörte sie die Stimme: „Du hast einen großen Schritt in deinem Leben getan. Höre auf Mich, und alles wird gut sein". Eileen öffnete ihre Augen und schaute um sich. Niemand außer Peter und Sheena waren da. Sie schloß ihre Augen erneut. „Laß dein Herz nicht bedrückt sein. Wisse, wer Ich bin. Ich bin dir näher als dein Atem, deine Hände und Füße, vertraue auf Mich".[4] Damit begann ein neues Kapitel in Eileens Leben. Bald erhielt Eileen Tag für Tag Durchgaben, gesprochen von derselben klaren inneren Stimme. Diese Durchgaben gestalteten fortan immer deutlicher ihr gemeinsames Leben.

Die Einstellung der beiden hierzu war interessanterweise verschieden. Über viele Jahre hinweg war Eileen die Zweifelnde, die sich immer wieder gegen bestimmte Aussagen wehrte, während Peter von Anfang an ohne jedes Zögern bestrebt war, konsequent gemäß den von Eileen erhaltenen Angaben zu handeln. Eileen, inzwischen von Andrew geschieden, aber noch nicht Peters Frau, erwartete ein Kind. In dieser Situation wurde Peter zurückversetzt in den Mittleren Osten. Gleichzeitig erkrankte Sheena und bat Peter um Hilfe. Eileen erhielt die innere Botschaft, daß sie Sheena beistehen solle. Dies führte unter der eher harten und unduldsamen Regie Sheenas während eines längeren Zusammenseins schließlich zu Eileens Zusammenbruch. Verlassen von ihrer früheren Familie, verlassen von Peter, dessen rechtmässige Frau sie immer noch nicht war, verantwortlich für ein vor kurzem geborenes Kind und für die Pflege einer schwierigen Erwachsenen fühlte sie sich nicht mehr imstande, diese Last länger zu tragen.

Aus dem Schlaf, in den Eileen für immer eintauchen wollte, rettete sie das zufällige Kommen ihres Bruders. Er nahm sie zurück in den Kreis ihrer ersten Familie, wo eine bitter gewordene Frau alles aufgab: Peter, ihre innere Führung, Gott, alles. Peter hörte von Eileens Zusammenbruch, und dieser willensstarke Mann, der seine ganze Hoffnung auf ihre Gemeinsamkeit und auf die

Schulung von Eileen unter Sheena gesetzt hat, erlitt nun ebenfalls einen schweren Schock. In einem Monat verlor er 30 Pfund, sein Haar färbte sich weiß. Er wurde krank. Im Rückblick auf diese schwere Zeit sagte Peter:

„Ich befand mich im Dunkel, und ich hatte die Ahnung, daß dies meine Kreuzigung sei. Eileen und ich wußten, daß wir Ecksteine sein sollten in Gottes Plan für ein Neues Zeitalter. Zu diesem Zwecke wurden wir zusammengebracht. Nur gemeinsam konnten wir dieses Werk tun. Ich wußte, daß ich ohne Eileen nutzlos sein würde, denn ich bin nur eine Hälfte, die Gottes Plan nicht erfüllen könnte... Ich konnte nachts nicht mehr schlafen, ich wollte nichts mehr essen, ich wollte niemanden sehen. Ich verlor meine Gesundheit, meinen Posten, meine Hoffnung, meine Ideale."[4]

In dieser Situation kehrte Peter nach England zurück, traf sich mit Sheena, die sich um Eileens Kind kümmerte, das nach seiner Mutter schrie. In einem halbbetäubten, automatenhaft handelnden Zustand mietete er einen Wagen, fuhr zu der Farm, in der er Eileen bei Andrew und den Kindern wußte, paßte eine Gelegenheit ab und lud Eileen wortlos ein, um mit ihr wegzufahren in eine völlig ungewisse Zukunft.

Aber die Lektion war noch nicht gelernt, die Lektion für Eileen, Gott über alles zu stellen, auch über die Liebe zu einem Freund, zu einem Mann. Eileen war Peter in stummem Einverständnis gefolgt, als er sie überraschend abholte. Aber dann beharrte sie:

„Ich will deine Gattin sein, dein Partner, meinetwegen deine andere Hälfte. Aber ich möchte dich an die erste Stelle setzen, nichts mehr von jenem „Gott", bitte nichts mehr von dieser „inneren Führung". Ich will deine Frau sein, Peter, das ist alles."[4]

Peter wußte, daß Eileen in die falsche Richtung ging und daß eine neue Trennung notwendig war. Sheena unterstützte ihn darin. Es war Juli 1956. Nun war schon ein weiteres Kind geboren und 6 Wochen alt. Eileen sollte auf die Insel Mull, um dort wiederum mit Sheena zusammen zu leben. Eileen konnte aber Sheena als spirituelle Lehrerin nicht akzeptieren. Die alte Spannung zwischen den beiden Frauen hatte rasch zugenommen, Verzweiflung und ein fast blinder Haß auf Sheena bemächtigten sich Eileens. Sheena verließ die Insel, Eileen war wieder allein mit ihrem Säugling, ohne Geld, fast ohne Nahrung und in einer primitiven Unterkunft. In ihrer erneuten Verlassenheit wurde ihr ein junger Dorfidiot zum einzigen Freund.

Er brachte ihr heimlich in der frühen Dämmerung das Nötigste zum Leben. Eileen wurde von der zweiten Krise geschüttelt. In den Nächten überfielen sie Alpträume, Greuelvisionen, während ihre Seele nach einem Zeichen der Geborgenheit und Liebe schrie. Da meldete sich endlich wieder die innere Stimme.

„Höre... stelle Mich über alles und das andere wird dir zufallen..." Sanft aber eindringlich wuchs die Stimme in ihrem Herzen, löschte ihre irrlichternden Gedanken und Gefühle aus.

Höre... folge Meinen Wegen, tue Meinen Willen. Laß Mich dir Meine Wunder, Meine Glorie zeigen. Wenn du das Glück auf dem falschen Wege suchst, kannst du es nicht finden. Suche Mich zuerst und finde Mich, das ist Meine einfache Antwort. Liebe Mich von ganzem Herzen, mit ganzer Seele und mit ganzem Gemüte.[4]

Eileen fühlte eine Stille und einen Frieden wie lange nicht. Sie war in der Stimmung, alles anzunehmen. Es war früher Morgen, als sie nach vielen Tagen wieder einmal auf den Kalender sah:

Heute war der Weihnachtstag! Sie zog sich an und lief hinaus in die Wintersonne, Richtung Strand. Licht und Luft, alles schien verwandelt, ein glücksverheißender Gruß Gottes, und plötzlich wußte sie mit unumstößlicher Gewißheit, Peter würde kommen. Sie rannte zurück zu ihrer Hütte – und da stand Peter – in der einen Hand die Weihnachtsgans, die andere nach Eileen ausgestreckt.

* * *

Nun sollte sich das Leben für beide wieder freundlicher gestalten. Auch Peter hatte eine schwere Zeit hinter sich, und mit dem Verkauf von Bürstenwaren an der Haustüre war wohl der tiefste Punkt seiner beruflichen Laufbahn erreicht.

Zunächst leben Peter und Eileen mit ihren beiden Söhnen in einem Zimmer in Glasgow. Peter suchte nach einer angemessenen Stellung und erreichte schließlich unter Hinweis auf seine ehemalige hohe Stellung als Verpflegungsoffizier die Anstellung als Direktor des Cluny Hill Hotels in Forres (Schottland). Peter sagte dazu später: „Ich hatte tatsächlich keine Idee, wie ein Hotel zu leiten ist, und hier handelte es sich um ein großes Hotel mit über 30 Mitarbeitern. Ich wußte nicht einmal, nach welchen Regeln diese bezahlt werden sollten, welche Sätze von den Gästen verlangt werden sollten, usw. Die Antwort auf jedes unserer Probleme wurde durch die innere Führung Eileens gegeben, und diese arbeitete unvergleichbar."

Eileens innere Stimme war seit dieser Zeit vor allem insofern ein erstaunliches Phänomen, als Botschaften von allgemeiner spiritueller Bedeutung genauso durchkamen wie detaillierte Anweisungen zur Lösung der verschiedensten praktischen Probleme. So hieß es ganz zu Anfang:

Diese Arbeit, in die Ich, euer Herr und Gott, euch hineingestellt habe, soll ein Beispiel dafür geben, wie ein Hotel auf der Basis von Liebe und Kooperation anstelle von Furcht geleitet

werden kann. Entwickelt dies Schritt für Schritt, zunächst mit den leitenden Angestellten, dann mit den Schlüsselpersonen und schließlich mit allen Angestellten. Dies ist kein gewöhnliches Hotel, das im üblichen Geschäftsstil geführt werden soll. Ich habe Meinen Stempel auf dieses geprägt, und daher soll alles, was hier getan wird, aus Liebe und nicht aus Pflicht geschehen.[4]

Angestellte wie Gäste blieben dem Hotel Jahr für Jahr treu. Aus dem Drei-Sterne-Hotel war inzwischen ein Vier-Sterne-Hotel unter Peters Leitung geworden. Doch bald gingen auch Geschichten herum, und Gerüchte über die spirituellen Aktivitäten der Caddys begannen zu zirkulieren. In der National Press wurde das Cluny Hotel als "Heavenly Hotel" („Himmlisches Hotel") bezeichnet. Dies führte im Direktorium des Hotelkonzerns offensichtlich zu Konsequenzen. Nach fünf Jahren rastloser und erfolgreicher Tätigkeit, in der die Caddys einschließlich ihrer spirituellen Freundin Dorothy Maclean viel geistige Kraft aufgewandt hatten, wurden sie versetzt in ein anderes zum Konzern gehörendes Hotel, das allgemein als Direktorengrab verschrieen war. Die Konzernleitung erhoffte offensichtlich, daß es den Caddys gelingen würde, dieses Hotel aufzumöbeln oder sie loszuwerden. Peter ging mit aller Energie, mit allem positiven Denken an die neue Aufgabe heran, aber es wollte nicht gelingen. Kurz vor Ablauf der ersten Saison bat er, nach Cluny Hill zurückversetzt zu werden. Es kam keine Antwort. Am Morgen des letzten Tages der Saison erhielt Eileen die innere Botschaft, daß eine der Lektionen des New Age vollkommene Flexibilität sei.

Wenig später wurde Peter mitgeteilt, daß er innerhalb von vier Stunden das Hotel zu verlassen habe. Hatte Eileens innere Stimme damals den Wechsel in das andere Hotel bejaht mit dem sibyllinischen Hinweis, daß dort viele Lektionen zu lernen wären, hieß es nun, daß sie der Hotelgesellschaft zu Dank verpflichtet seien, denn sie habe in der Entfaltung der göttlichen Pläne eine wichtige Rolle gespielt.

Dieser Kommentar erleichterte freilich die äußere Situation keineswegs. Die Caddys hatten weder Vermögen noch eine Stellung noch ein Zuhause, und sie wußten nicht, wohin sie gehen sollten, es sei denn zu ihrem Wohnwagen in der Findhorn-Bay.

Eine neue Station im Leben der Caddys war erreicht, ein neuer Lernprozeß begann für Jahre. Sechs Menschen in einem kleinen Wohnwagen, provisorisch abgestellt ganz in der Nähe eines Müllplatzes am Rande eines Wohnwagenparks, kurz vor Einbruch des Winters, eine niedrige Arbeitslosenunterstützung in Aussicht. Das war die Situation. Was sagte die innere Stimme dazu?

Nehmt an, was geschieht, seid gewiß, daß ich euch nichts zustoßen lassen würde, denn ihr seid Mir wertvoll. Alles, was ihr in der Vergangenheit unternommen habt, hat euch hierher geführt. Ihr könnt nun nicht verstehen, warum Ich Meine Hand auf euch vor allen anderen gelegt habe. Laßt euch dadurch nicht betrüben. Eines Tages werdet ihr es erkennen, aber jetzt gibt es manches, was ihr im Glauben annehmen müßt... Alles, was geschieht, fügt sich in ein klares Muster ein. Was euch als großes Unglück erscheint, wird sich als wundervoller Segen erweisen.[4]

Während Eileen in dieser Situation erneute Zweifel kamen, blieb Peters felsengleicher Glaube in Eileens innere Führung unerschüttert. Interessant ist, daß die innere Stimme bei einigen Gelegenheiten darauf hinwies, daß es eine Rückkehr nach Cluny Hill geben würde. So hieß es z.B. schon 1962:

Ich möchte Peter wissen lassen, daß er der Wächter von Cluny Hill ist. Daher wird er eines Tages dorthin zurückkommen, und dieser Tag wird groß sein. Er sollte jedoch keine bestimmte Zeit im Sinne tragen... Cluny Hill ist ein sehr

starkes und magnetisches Zentrum, und jedes solche Zentrum benötigt einen geistigen Wächter, und Ich habe Meine Hand auf ihn gelegt und ihn für diese Aufgabe erwählt.[4]

Peter Caddy kehrte wirklich nach Cluny Hill zurück, aber es dauerte 14 Jahre, und es geschah unter ganz anderen Vorzeichen, als er es sich damals vorstellte.
Zunächst einmal fanden sich in jenem Herbst 1962 Peter, Eileen, ihre drei Buben, Christopher, Jonathan und David zusammen mit ihrer Freundin, Dorothy Maclean, die Peters Sekretärin im Cluny Hill Hotel gewesen war, in jenem kleinen Wohnwagen wieder.

Jetzt galt es, unter erschwerten Bedingungen gemäß jenem Grundsatz zu handeln, den Peter schon in jungen Jahren als Rosenkreuzer von Dr. Sullivan gehört hatte:

Liebe den Ort, an dem du bist, liebe, was du tust, liebe die Menschen, die bei dir sind.[4]

Peter begann, den Wohnwagen auszubessern und einen Anbau für Dorothy fertigzustellen. Wöchentlich meldete er sich bei der Arbeitslosenvermittlungsstelle in der Erwartung, bald eine annehmbare Stellung zu finden. Aber es kam – oft unerwartet – immer etwas dazwischen. Das lief so zwei Jahre, worauf man ihm die Arbeitslosenunterstützung strich, er hatte nun von der Fürsorge zu leben. Das ging nochmals zwei Jahre so weiter, bis ein Fürsorge-Inspektor zur Überprüfung kam. Nach Studium der Akten, Kenntnisnahme von Peters guter körperlicher Verfassung und Anhören von Peters Erklärungen, fragte er: „Würden Sie sagen, daß Gott Sie am Erlangen einer neuen Stellung hindert?" Peter war erstaunt über dessen Einsicht und antwortete: „Ja, ich glaube es in der Tat". „Nun", kam die Antwort, „dann können wir Ihnen unsere Unterstützung streichen, Gott wird für Sie sorgen." Der Inspektor hatte seine Trumpfkarte ausgespielt. „Ja..., ja...", kam es etwas zögernd von Peter, „ich denke, Er würde es tun."[4]

So geschah es. Die Fürsorge stellte die Unterstützung ein, und durch Gottes Hilfe wurden die täglichen Bedürfnisse dieser sechs Menschen in oft verblüffender Weise erfüllt. Hört man Peter die Begebnisse jener Zeit erzählen, so wird einem sehr deutlich, wie diese Menschen unter extremen Bedingungen das Bibelwort lebten: „Trachtet zuerst nach dem Reich Gottes, so wird euch alles andere hinzugegeben". Sie hatten keine eigenen Pläne mehr, sie lebten ohne Gestern und Morgen in einem grenzenlosen Vertrauen in das, was ihnen heute eine höhere Instanz sagen oder sie erleben lassen würde. Sie ahnten, daß sie einen Weg gingen, daß sie Schritt für Schritt geführt wurden, aber das Ziel kannten sie nicht.

In diesem Winter 1962/63 wurde in stiller, unscheinbarer Arbeit begonnen mit dem Fundament dessen, was sich später als Findhorn-Community entwickeln und weithin bekannt werden sollte. Und dauerhaft sollte die Gründung im irdischen und seelischen Boden erfolgen, damit der spätere Bau keine Risse erhalte.

Peter studierte in den Wintertagen verschiedene Unterlagen über biodynamische Anpflanzungsmethoden, und er, der keinerlei gärtnerische Erfahrungen besaß, wuchs bald in die Aufgabe hinein, einen in den folgenden Jahren sich dauernd vergrößernden Garten um den Wohnwagen herum anzulegen. Es war eine mühselige, jedem Fachmann wahrscheinlich aussichtslos erscheinende Arbeit, denn der Boden bestand aus losem Dünensand, in dem eigentlich nur Seegras und Kiefern gedeihen konnten. Schon das Wässern war ein Problem, da die Feuchtigkeit allzu schnell zwischen dem Sand versickerte. Bald hatte Peter die Idee, einen Komposthaufen anzulegen, und Eileens und Dorothys Aufgabe war es, Seegras einzusammeln. Im folgenden Jahr bestand nun die Nahrung größtenteils schon aus selbstgezogenem Gemüse. Die innere Stimme Eileens bestätigte die Richtigkeit dieser Lebensweise und gab auch den Grund dafür an:

Ihr habt eure Körper für etwas ganz Neues vorzubereiten... Ihr habt sie allmählich zu reinigen... Diese Reinigung eurer Körper ist ein langsamer Prozeß, und Ich wünsche nicht, daß ihr irgendetwas Drastisches darin unternehmt... Wenn der Körper reiner und durchlässiger wird, so wird es ihm möglich sein, Stoffe zu absorbieren, die er jetzt noch nicht aufnehmen kann... Erkennt, daß die Produkte aus eurem Garten eine enorme Lebenskraft aufweisen... Sage Peter, daß all die Arbeit, die er in diesen Boden hineingibt, Gemüse im Überfluß hervorbringen wird. Er ist dabei, einen besonderen Platz zu schaffen, der in den vor euch liegenden Tagen noch eine große Bedeutung erlangen wird.[4]

Peters Bemühen um das Anlegen eines Gartens in diesem ersten Frühjahr 1963 erfuhr bald eine zusätzliche Hilfe. Dorothy wurde in der Meditation klar, daß sie sich auf Wesen und Aufgaben der Naturkräfte innerhalb des göttlichen Plans einstellen sollte. Vor allem auf die höheren Naturgeister, wie die Devas der Wolken, des Regens oder der einzelnen Gemüsearten. Bald glückte es ihr. In 3 Jahren wurde ein wahrer Mustergarten geschaffen, den Agrarexperten bestaunten, ohne die Ergebnisse (z.B. 40 Pfund schwere Kohlköpfe) durch natürliche Faktoren erklären zu können.

***

Im Jahre 1968 machte Findhorn in zweierlei Beziehung von sich reden. Einmal waren es die ungewöhnlichen Ergebnisse des Gartens, die renommierte Vertreter der British Soil Association anzogen. Der erste, der das Geheimnis lüftete, war Sir George Trevelyan, ein bekannter Pädagoge und Kenner der Esoterik. Mehr noch wurde Findhorn bekannt durch die im gleichen Jahr erscheinende Publikation "God spoke to me", in der eine Reihe von Eileens Durchgaben vermittels der inneren Stimme enthalten sind.

Findhorn wurde vor allem unter den suchenden jungen Menschen und New-Age-„Jüngern“ als ein spirituelles Zentrum bekannt. Und manche der Gäste, die in einigen Fertigbungalows unterkommen konnten, blieben, auch wenn es neben dem rastlos tätigen und eine starke Autorität ausstrahlenden Peter nicht immer leicht auszuhalten war.

Im Frühsommer 1970 zählte Findhorn bereits 25 ständige Mitglieder. Einen Sprung nach vorne in der äußeren und inneren Entwicklung brachte das Jahr 1970, als David Spangler, ein junger Esoteriker aus den USA, mit seiner Partnerin Myrtle Glines eintraf. Angekündigt hatte er einen Dreitages-Besuch, geblieben ist er dann fast 3 Jahre, wichtige Jahre für die Entwicklung der Findhorn-Community.

Innerhalb von sechs Monaten nach ihrer Ankunft vergrößerte sich die Community auf das Doppelte. 45 Menschen lebten jetzt hier. David und Myrtle organisierten das „College“, wobei David neben seiner Fähigkeit, in erhöhtem Bewußtseinszustand Durchgaben von hohem Niveau zu erhalten (welche die Grundlagen für sein Buch “Revelation, the Birth of a New Age” abgaben),[5] auch das in klare Begriffe fassen konnte, was halb- oder unbewußt die Menschen dieser Community beseelte und anspornte.

David und Myrtle sind heute noch Findhorn verbunden. Ihr besonderes Anliegen ist es, daß die immer noch rasch wachsende Gemeinschaft die innere Balance aufrechterhält, jeder sich ein spirituelles Fundament erarbeitet und nicht länger als gemäß seiner eigenen Entwicklung nötig von einer äußeren Instanz abhängig ist. Wichtig ist, daß jeder sich um inneres Einstimmen, um Selbsterkenntnis und klare Einsichten bemüht und um Wahrhaftigkeit und Selbstlosigkeit in allen zwischenmenschlichen

Beziehungen. Dies sind die Qualitäten, die den Menschen in Richtung dessen, was David Spangler das „Christusbewußtsein" nennt, voranbringen und ihn vor einer Reise in vermeintlich spirituelle „Schnellbleichen", Sensationen und Illusionen bewahren, einer Gefahr, die überall dort am Wege steht, wo der Mensch sich entschließt, sich spirituell zu entwickeln.

So wie das Cluny Hill Hotel seinerzeit von der „Göttlichen Gegenwart" geleitet wurde, so auch Findhorn. Peter und Eileen, zwei Hälften einer höheren Einheit, ein dyadisches Paar, standen zunächst im Zentrum. Eileen erhielt durch die innere Stimme Anweisungen, Verhaltensregeln, Ratschläge oft bis in technische Details hinein (z. B. die Größe eines neu zu bauenden Zentrums mit Speisesälen betreffend, als sich noch niemand die baldige sprunghafte Vergrößerung der Gemeinschaft vorstellen konnte), und Peter setzte dies alles gewissermaßen als Exekutive in die Wirklichkeit um. Eileen zeigte in Form ihrer niedergeschriebenen Durchgaben, daß Gottes Wille eine für den Menschen erfaßbare Realität sein konnte, und Peter demonstrierte, daß das Erfaßte im täglichen Leben erfolgreich, ja oft mit geradezu wunderbaren Resultaten angewandt werden konnte. Findhorn war in seinen Anfangsjahren eine Manifestation von Menschen, die sich auf den „inneren Gott" einstimmen konnten und gemäß dessen erfahrbarem Willen handelten. Peters Autorität und Menschenkenntnis sorgte dafür, daß sich die Mitglieder der Community die daraus erwachsenden Aufgaben sinnvoll teilten. Diese erste Phase einer zentralen Führerfigur (wenn auch in diesem Falle auf zwei eng verbundene Menschen verteilt) endete mit der Ankunft von David und Myrtle und dem damit verbundenen raschen Wachstum der Gemeinschaft. Autorität und Verantwortung wurden nun dezentralisiert, es wurden die verschiedenen Departments gegründet, die später zusammengefaßt wurden, nämlich Administration (Hauptenergie Wille und Zweck – esoterisch gesprochen die Vaterqualität), Erziehung/College (Hauptenergie

Liebe/Weisheit – esoterisch gesprochen die Sohnesqualität) und als drittes die Hauptabteilung Kreative Aktion (Hauptenergie schöpferische aktive Intelligenz – esoterisch gesprochen die Qualität des dritten Strahles, welche in der christlichen Terminologie als Heiliger Geist bezeichnet wird).

Mit dem Weggehen von David geriet Findhorn in eine deutliche Führungskrise. Bei vielen Mitgliedern entstand eine Überempfindlichkeit gegenüber der hierarchischen Struktur, die ja noch immer eine gewisse Unterordnung unter eine äußere Autorität voraussetzte.

Heute ist eine neue Phase eingeleitet, die François Duquesne, heute der Leiter der Gemeinschaft, wie folgt beschreibt:

„Durch Einstimmung und Kommunikation kann Schritt für Schritt die Intuition entwickelt werden, womit die Gemeinschaft in umfassendere Zustände des Einsseins gelangt. Soweit wichtige Entscheidungen zu treffen sind, mag deren erste Darstellung von der Kerngruppe kommen, die noch immer für die Gesamtentfaltung von Findhorn verantwortlich ist. Aber die zu entscheidenden Fragen werden mehr und mehr einer inneren Einstimmung der Gemeinschaft überlassen, womit die Beschlüsse aus einem Gesamtbewußtsein heraus auftauchen. Diese sind also nicht (von außen) aufgedrängt…, sondern von innen her geprüft und verifiziert als das für die Gesamtheit Beste. Findhorn bewegt sich allmählich auf dieses Führungsmodell – theokratische Demokratie – zu, welches inneres Einstimmen in den göttlichen Willen mit einem Prozeß eines auf den verschiedenen hierarchischen Ebenen erfolgenden Teilens und Kommunizierens verbindet… Solche Demokratie bedeutet nicht Wille der Mehrheit, sondern Wille der Gesamtheit, Wille Gottes."[6]

Natürlich setzt die Entfaltung eines solchen Gruppenbewußtseins und Gedankenprozesses entsprechende Reife bei den einzelnen Mitgliedern voraus. Daß dieses Modell für eine New Age Community sicherlich das richtige ist, läßt sich aus verschiedenen in der Neuzeit gegebenen spirituellen Lehren ableiten. Schon bevor die Community in diese Richtung ging, gab Eileens innere Stimme das Startzeichen:

Du kannst ein Kind nicht lebenslang aufpäppeln. Es kommt die Zeit, in der es zu lernen hat, sich selbst zu ernähren, und du hast es zuzulassen. Halte dich nun zurück und erlaube allen in der Community, ein von Mir geführtes Leben zu leben.[4]

Seit dieser Zeit haben sich die einzelnen wie die Gruppen vermehrt um Einstimmung in den „inneren Gott" bemüht und mehr und mehr von der Gesamtheit Findhorns in ihr Bewußtsein aufgenommen.

Damit änderten sich die Aufgaben von Peter und Eileen. Peter, der schon in früheren Jahren nicht nur auf der exekutiven, sondern auch auf der intuitiven Seite begabt war, bemühte sich mehr um diese. Eileen konnte aus ihrer langen Erfahrung mit der inneren Stimme und der inneren Führung verstärkt anderen helfen, diese allmählich auszubauen und auf den weltweiten Reisen zusammen mit Peter wertvollen Samen ausstreuen aus jener Quelle, die Findhorn erbaute und am Leben hält, in der Meinung, daß unsere Zeit reif ist, spirituelle Zentren und Gemeinschaften an vielen Stellen der Erde zu gründen, alle miteinander verbunden in einem höheren Bewußtsein, gewissermaßen als ein lichtes Netz, das die dunklen Muster dieses Planeten überlagert.

* * *

Die „Theokratische Demokratie“ hatte bald Gelegenheit, ihre erste große Herausforderung zu bestehen. Als die Nachfragen und Buchungen von Interessenten aus aller Welt immer mehr zunahmen, erinnerte sich Peter an das Cluny Hill Hotel, wenige Kilometer von der Findhorn Community entfernt gelegen und somit bestens geeignet für solche Gäste. Lange hatte er nicht an die Rückkehr nach Cluny Hill gedacht. Nun stand diese als eine Möglichkeit vor ihm. Er schaltete einen alten Freund ein. Dieser erbot sich, mit der Hotelgesellschaft zu verhandeln. Die Unterhaltung verlief überraschend. Auf die vorsichtige Anfrage, ob man seitens des Hotel-Konzerns schon einmal daran gedacht habe, das Hotel zu verkaufen, kam die Gegenfrage, ob der Anfrager einen Vertrauten im Direktorium habe, denn genau heute habe dieses beschlossen, das Cluny Hotel zu verkaufen.

Für Peter war diese Koinzidenz untrügliches Zeichen einer göttlichen Führung in dem Sinne, daß die Gemeinschaft das Hotel selbst erwerben solle. Der Plan schien durchführbar und wurde nun der Gemeinschaft vorgelegt mit der Aufforderung, jeder möge Cluny Hill aufsuchen, sich einstimmen und über die rechte Entscheidung meditieren. Viele der Mitglieder, die nie zuvor in Cluny Hill gewesen waren, konnten die spirituelle Kraft, die an diesem Ort konzentriert schien, deutlich empfinden. Einige von ihnen empfingen Visionen und Auditionen, die ihnen die Entscheidung leicht machten. Sie fiel am 17. November 1975, auf den Tag genau übrigens 100 Jahre nach Gründung der Theosophischen Gesellschaft und 13 Jahre nach Bezug des Wohnwagens. Ein besonders markanter Tag für spirituelle Unternehmungen?

Peter und Eileen hatten die Entscheidung ganz der Community überlassen und befanden sich zu dieser Zeit auf einer Reise in der Türkei. Was Eileens innere Stimme so viele Jahre zuvor vorausgesagt hatte, war wahr geworden. Durch diese Erweiterung können heute weit über hundert Gäste pro Woche untergebracht werden. Seit 1977 werden im Cluny Hill College einwöchige und längere Kurse für Gäste angeboten, u. a. mit folgenden Themen:

- Kooperation mit der Natur (insbesondere der Welt der Devas und Elementarwesen).
- Gründung einer New Age Community (Erarbeiten der Grundprinzipien und der Gesetze, auf denen alle New-Age-Arbeit basiert).
- Erziehung und Identität (für ein vertieftes Verständnis unserer göttlichen Natur).
- Die Kunst der Synthese (insbesondere der in jedem Individuum vorhandenen Fähigkeiten und Kräfte).
- Offenbarung: Die Geburt eines neuen Zeitalters (Erarbeitung des entsprechenden Buches von David Spangler).
- Entwicklung unseres Planeten (in esoterischer Sicht).
- Tanz (Sacred Dance), Gruppenbewußtsein und ganzheitliches Heilen.

Daneben gibt es natürlich die Möglichkeit, in der Findhorn-Experience-Woche das Community-Leben in Findhorn selbst kennenzulernen durch aktive Mitarbeit in den Departments, insbesondere im Garten, Bauwesen, in den Studios und in der Küche. Hier kann erfahren werden, was es heißt, jede Arbeit, auch die geringste, mit liebevoller Hingabe und immer positiver innerer Einstellung zu verrichten und in ein Größeres sinnvoll einzugliedern.

Soviel als Überblick über die Entwicklung der Findhorn Community.

***

Kehren wir noch einmal zurück zu den Lebensstationen von Eileen Caddy.

Das Jahr 1979 hielt für die Vielgeprüfte noch einmal ein Ereignis bereit, mit dem sie in dieser Form wohl niemals gerechnet hatte. Sie hat dieses Jahr als das schwierigste und niederschmetterndste ihres Lebens bezeichnet. Nach 27 Jahren eines gemeinsamen durch dick und dünn erkämpften Lebens erklärte Peter Caddy seiner Frau Eileen anläßlich der Doktorfeier eines ihrer Söhne, er wolle sich von ihr und Findhorn lösen, um sich mit neuen Partnern neuen Aufgaben zu widmen.

Ich möchte es mit ihren Worten, die Eileen mir danach zusandte, sagen:

„Eines Tages wurde ich nach einer längeren Meditation gewahr, daß ich mich plötzlich nicht mehr an Peter gefesselt fühlte. Ich war frei. Und das Wunderbarste war, ich konnte ihm nun Liebe und Segen senden. All mein Schmerz, meine Eifersucht, mein gekränkter Stolz, alles war verflogen in göttlicher, bedingungsloser Liebe... Alle meine Kinder hatte ich losgelassen, nun Peter, und schließlich sollte ich auch die letzten mütterlichen Bande zu meinem größten Kind, der Community, auf den Altar Gottes legen, wie mir die innere Stimme sagte... Ich tat es bald. Nun hatte ich Gott alles übergeben, hing an niemandem und nichts mehr, meine Geborgenheit war Gott allein... ich lebe in der Freiheit des Geistes und gebe euch allen aus übervollem dankbarem Herzen..."

Peter und Eileen hatten sich und ihr großes Werk losgelassen. Aber die Verbundenheit miteinander und mit Findhorn ist in transformierter Form geblieben.

***

Nach einer Zeit inneren Zweifelns und Verzweifelns war es wieder die innere Stimme, die innere Führung, die ihr half, jene Lektion eines nochmaligen großen Verzichtes zu lernen.

***

Für die Leser, die sich mit dem Phänomen der „inneren Stimme" bisher nicht befaßt haben, seien abschließend einige Hinweise gegeben.

Innere Stimme, Hellhören, Inspiration ist ein Vorgang, der wie die Vision, also das Bilderleben, seit langem bekannt ist. Wissenschaftlich nachgewiesen ist nur jener kleine und für die Esoterik recht unbedeutende Ausschnitt, der als Telepathie unter lebenden Personen bezeichnet wird und Gedanken-, Verbal- oder gelegentlich auch Bildelemente enthalten kann. Auf der anderen Seite ist die Inspiration seitens anderer Wesen und von anderen Ebenen schon aus der Antike und den Heiligen Schriften bekannt. Der Christ wird sich an die Propheten des Alten Bundes wie auch an das Neue Testament erinnern, besonders an die Apostelbriefe (Korinther-Briefe 12 und 14 des Paulus und das 4. Kapitel im 1. Johannes-Brief). Manche heutigen christlichen Glaubensgemeinschaften streben noch immer die Gabe der Inspiration an, wie etwa die Pfingstbewegung. Ansonsten haben die großen Kirchen mit den auf diese Weise erhaltenen „Privatoffenbarungen" (im New Age meist als „Weisungen" oder „Durchgaben" bezeichnet) als Bewahrer einer bestimmten tradierten Lehre ihre Mühe gehabt.

Wie sieht es Eileen Caddy selbst? Hier ihre für ihre lebenspraktische Einstellung typische Antwort:

„Es wird nicht jeder die innere Stimme so klar hören können wie ich dies vermag, aber auch du kannst erfahren, was geschieht, wenn du lernst, in die Stille zu gehen und nach innen zu lauschen. Mag sein, du hörst etwas, mag sein, du wirst dir eines Impulses bewußt, dem zu folgen ist, mag sein, du erfährst intuitiv, was zu tun ist. Solange du es nicht versucht hast, weißt du nicht, ob es funktioniert. Habe aber Geduld, halte aus, und ich bin sicher, daß du belohnt wirst. Dann versuche, der Weisung gemäß zu leben".[3]

Wer sich mit dem Phänomen der inneren Stimme näher beschäftigt hat, weiß, daß als Quelle für jene Inspirationen die verschiedensten Ebenen und Geistwesen angesprochen werden, angefangen vom eigenen Unbewußten des Mittlers über ein eher fiktives unpersönliches Überbewußtsein bis hin zu Verstorbenen, Schutzgeistern, welche den Empfänger begleiten, Heiligen und Meistern, aber auch Naturgeistern, Devas und Engeln der verschiedensten hierarchischen Stufen.

Und wer mit der bewußt wahrnehmbaren Inspiration Erfahrungen gemacht hat, bezeichnet diesen Vorgang häufig als ein in der wachen, inneren Stille und Versenkung eintretendes „Öffnen einer Tür" oder „Auftun einer Quelle", aus der dann ein Wort- und Gedankenstrom zum Vorschein kommt. Mehr äußerlich können eventuell auch bestimmte Veränderungen wahrgenommen werden, z.B. eine Erhöhung der Herzfrequenz, ein magnetischer oder als Wärme wahrgenommener Strom. Manche Empfänger können den Sitz der Quelle oder ihre Art nicht näher kennzeichnen, manche können es gelegentlich. Bei manchen taucht das Bild des Absenders vor dem inneren Auge auf.

Wo ein Gedankenstrom empfangen wird, muß dieser in Worte gekleidet werden. Solche Kundgaben sind daher von der Ausdrucksweise des betreffenden Mittlers geprägt. Anders bei den Verbalinspirationen. Auch diese sind natürlich durch den Charakter des Mittlers geprägt und begrenzt, weisen aber häufig einen völlig anderen und vollkommeneren Stil auf als den, welcher dem Empfänger im Alltagsbewußtsein eigen ist.

Wer den Weg der Hingabe an das Göttliche geht, für den wird irgendwann der Vorhang zwischen der sichtbaren und der unsichtbaren Welt durchlässig. Was er dabei mit seinen inneren, sich allmählich entwickelnden Sinnen aufnimmt, hängt von seiner Entwicklungsstufe und seiner Reife, aber auch von seiner Ausrichtung und seinen Erwartungen ab, Faktoren, die jemandem das „Wasser der Quelle" färben oder sogar trüben können.

Dorothy Maclean, die Freundin von Peter und Eileen Caddy, hat zum Beispiel viele wertvolle Mitteilungen von den Devas erhalten, welche im Findhorn-Gartenbuch[7] enthalten sind.

Eileen Caddy ihrerseits konzentrierte sich seit ihrem Schlüsselerlebnis in Glastonbury, worüber schon berichtet wurde, ganz auf jene Stimme, die sie dem ihr wie allen Menschen „Immanenten Gott" zuordnete, jener Instanz, die – von manchen auch als das „Höhere Selbst" oder das „Christusprinzip" bezeichnet – zu einer immer klarer und mächtiger sich äußernden Instanz in uns werden kann.

Es ist der „Innere Meister", den zu erwecken das Anliegen jedes echten äußeren Meisters oder Lehrers sein muß, und der zunächst den Menschen durch die äußeren Umstände des Lebens und seine vielfältigen Erfahrungen lehrt. So war es bei Eileen Caddy, die, wie sie selbst einmal bekannte, nie viel esoterisches Wissen angesammelt hat. Und so ist ihr schon früh gesagt worden, was für jeden Suchenden eines Tages Bedeutung erhält:

Du brauchst keinen Lehrer, keinen Guru. Alles, was du brauchst, ist eine Erweiterung deines Bewußtseins... So wie du suchst, so wirst du die Antworten in dir finden... Geh in die Stille, suche in dir, lasse dein Bewußtsein sich erweitern, und du wirst immer die Wahrheit finden... Kein anderer kann dies für dich tun. Wer ein reines Herz hat, kennt Mich und geht mit Mir ...[4]

Dr. Hartmut Normann

Literatur:

1 In deutscher Sprache sind bereits erschienen:
Eileen Caddy, **Worte des Lebens** (Englisch: The Living Word). Opal Verlag Karl-Friedrich Hörner, München 1981.

Eileen Caddy, **Spuren auf dem Weg zum Licht** (Englisch: Footprints on the Path). Greuth Hof Verlag Heinz Bilger, Kimratshofen 1983.

2 Erschienen im GTP-Verlag (Gesellschaft für Transpersonale Psychologie). Freiburg i. Br. 1980. Postfach 608.

3 Vom Verfasser aus dem Englischen übersetzt aus:
Eileen Caddy, **The Spirit of Findhorn.** New York 1976.

4 Vom Verfasser aus dem Englischen übersetzt aus:
Paul Hawken, **The Magic of Findhorn.** New York 1975. (Deutsch: Der Zauber von Findhorn, München 1980. Hugendubel Verlag, Kailash Buch).
Weiterhin zitiert aus **God spoke to me.**

5 David Spangler, **New Age – die Geburt eines Neuen Zeitalters.** Die Findhorn Community. Greuth Hof Verlag Heinz Bilger, Kimratshofen 1983.

6 Entnommen aus **One Earth** (Halbjahres-Zeitschriften der Findhorn Community), Nr. 3.

7 **Der Findhorn-Garten.** Frank Schickler-Verlag Berlin, 1981.

— In unserem Verlag erschienen —

F. Matthias Alexander

Die Grundlagen der F. M. Alexander-Technik

Herausgegeben und zusammengestellt von

Edward Maisel

F. M. Alexander, dessen ausgewählte Schriften mit diesem Buch vorgestellt werden, war ein Pionier in der Konzeption der Einheit von Körper und Geist. Bei der weitverbreiteten Suche nach Selbsterfahrung hat das einzigartige Körper - Geist - Training, das Matthias Alexander entwickelte, weite Anerkennung gefunden.

Von Musikern und Schauspielern in aller Welt wird die Alexander - Technik als das Größte „In" - Geheimnis gehandelt. Sie wird in freien Schulen in England und Amerika als vielversprechendes pädagogisches Werkzeug genutzt. Sie spielt auch unter den physiotherapeutischen Angeboten eine bedeutende Rolle, die den Patienten großer medizinischer Institute in London und New York zur Verfügung gestellt werden. Aber auch in der Psychotherapie und bei verschiedenen spirituellen Lehrern nimmt sie als Form der „Arbeit an sich selbst" einen wichtigen Platz ein.

„Der Leser von Alexanders Schriften kann in den meisten Fällen seine ganze Einstellung zum Leben verändern und seine neurotischen Tendenzen kurieren."

— Aldous Huxley —

„Diese Geschichte von Wahrnehmungsvermögen, Intelligenz und Beharrlichkeit, von einem Mann ohne medizinische Vorbildung an den Tag gelegt, stellt eine der wahren Epen der medizinischen Forschung und Praxis dar."

— Professor Niko Tinbergen (Nobelpreisträger Medizin) —

28,– DM. ISBN 3-924195-02-1

In Vorbereitung

Rebeca Wild

Erziehung zum Sein

Erfahrungsbericht über eine „aktive Schule"

„Nur wenn die Kinder beim Lernen mit der ganzen Breite ihrer Bedürfnisse nach Bewegung, Handeln, Austausch und Zuwendung Kinder sein können, werden sie zu Erwachsenen, denen die ganze Fülle ihrer inneren Möglichkeiten zur Verfügung steht und die Kraft, sie zu leben."

Rebeca Wilds anschauliche Schilderung eines gelungenen Schulexperiments läßt deutlich werden, was für unabsehbare Konsequenzen eine Pädagogik hat, die die Kinder lebendig wachsen läßt. Ein ganz anderer Geist, eine Atmosphäre der Achtung, wird erlebbar, wo die Kinder aus eigenem Antrieb ihre Aktivitäten entwickeln und dabei lernen, reale Lebenssituationen einzuschätzen, Entscheidungen zu treffen, Verantwortung für ihr Handeln zu übernehmen, sich selbst zu vertrauen und mit anderen in eine nahe Beziehung zu treten. Viele Fragen, die uns in Schule und Gesellschaft auf den Nägeln brennen, beantworten sich hier als täglich gelebte Erfahrung. Zugleich ist das Buch ein ermutigendes Beispiel dafür, was einzelne ohne Unterstützung durch Institutionen oder starke Gruppen aus ihrem eigenen Erleben entwickeln können.

In Vorbereitung

Mark Satin

Politik für ein neues Zeitalter

Sich selbst und die Gesellschaft heilen.
Mit einem Vorwort von Fritjof Capra.

Als Alternative zu Sozialismus und Liberalismus handelt dieses Buch von der 'Neuen Politik', die sich aus den verschiedensten Bewegungen und Initiativen (Frauen-, Umwelt-, Friedens-, Spirituellen- und Selbstentfaltungsbewegung) heraus zu entwickeln beginnt.

Dank seines persönlichen Engagements gelingt es Mark Satin auf faszinierende Weise dem Leser die Vielfältigkeit und Dynamik dieser neuen Politik lebendig vor Augen zu führen. Das Buch bietet viele Denkanstöße, Anregungen und Perspektiven für jeden einzelnen und verdeutlicht gleichzeitig die enge Verknüpfung und Wechselwirkung von Individuum und Gesellschaft.
»*Politik für ein neues Zeitalter*« stellt ein einzigartiges historisches Dokument dar und bietet eine frische politische Analyse, in der das Persönliche und Politische keine getrennten Bereiche mehr einnehmen.«
– Fritjof Capra

Aus dem Inhalt:

- Das Gefängnis in uns.
- Die Befreiung aus dem inneren Gefängnis.
- Selbstentfaltung und politisches Engagement.
- Die transmaterielle Weltanschauung als Grundlage für die Gesellschaft des Neuen Zeitalters.
- Die politischen Werte des Neuen Zeitalters.
- Mögliche Wirtschaftsformen im Neuen Zeitalter.
- Therapie und Politik – ein Brückenschlag.
- Wege zu freiwilliger Einfachheit.
- Gewaltfreie Aktion.
- Die Feier der Ganzheit: Regionalismus und planetarisches Bewußtsein.
- New-Age-Politik als Alternative zu Liberalismus, Marxismus und Anarchismus.